Katja Kerschgens

Reden straffen statt Zuhörer strafen

Katja Kerschgens
Die Redenstrafferin

Reden straffen statt Zuhörer strafen

Mit Operation Zwille zu kurzweiligen Reden

Zwille made by Timo Wuerz

Bibliografische Information der Deutschen Nationalbibliothek
Die Deutsche Nationalbibliothek verzeichnet diese Publikation
in der Deutschen Nationalbibliografie; detaillierte bibliografische
Daten sind im Internet über http://dnb.d-nb.de abrufbar.

ISBN 978-3-86936-187-1

Lektorat: Friederike Mannsperger, Offenbach a. M.
Umschlaggestaltung: Martin Zech Design, Bremen,
www.martinzech.de
Illustrationen: Timo Wuerz, Hamburg
Satz und Layout: Da-TeX Gerd Blumenstein, Leipzig, www.da-tex.de
Herstellung: BoD – Books on Demand, Norderstedt

www.gabal-verlag.de

Abonnieren Sie den GABAL-Newsletter unter:
newsletter@gabal-verlag.de

Inhalt

Wollen allein genügt nicht,
man muss es auch tun!
Johann Wolfgang von Goethe

Glauben Sie mir nicht.
Handeln Sie!

Sie glauben, ich weiß etwas, was Sie gerne wissen würden? Wissen Sie was? Wer weiß, ob *ich* es wirklich weiß! Also glauben Sie mir am besten gar nicht. Denn wer weiß, wohin das führt, wenn Sie glauben, dass ich es besser weiß …

Rauchen Sie oder kennen Sie jemanden, der raucht? Sicherlich ist Ihnen selbst oder dieser Person bekannt, dass Rauchen ungesund ist. Sie wissen bestimmt auch, dass regelmäßiger Sport gut für Herz und Kreislauf ist und man sich gesund ernähren sollte. Dass man für ausreichenden Schlaf sorgen und regelmäßig an seiner Beziehung arbeiten sollte … Hand aufs Herz: Halten Sie sich daran? Und schon haben wir einen wesentlichen Knackpunkt aller Ratgeber dieser Welt gefunden:

Nur weil Sie etwas wissen, heißt das noch lange nicht, dass Sie es auch umsetzen.

Dieses Buch nützt Ihnen gar nichts, wenn Sie es nur lesen. Sollte Ihnen beim Lesen auch noch der Gedanke kommen: „Das weiß ich doch alles!", könnte das zeigen, dass Sie es wohl wissen, aber eben immer noch nicht anwenden. Wissen allein

Das Tun ist das Lernen

bringt niemanden voran, nur das Tun. Auch nicht das Wissen darüber, dass das Tun wichtig ist. Wenn Sie aber beim Lesen sagen:

„Das tue ich bereits!", dann erst können Sie tatsächlich entscheiden, ob ich recht habe.

Das Tun ist anstrengend. Das setzt Ihr Gehirn unter Druck. Wer etwas anderes behauptet, verkauft die Seligkeit billiger, als sie zu haben ist. Das ist wie Telefonieren mit dem anderen Ohr oder das Zähneputzen mit der anderen Hand – schon mal versucht? Die Gewohnheiten werden durchbrochen, es fühlt sich ungewohnt an, aber es eröffnet neue Perspektiven und Denkgewohnheiten.

Jetzt stellen Sie sich vor, Sie probieren als Redner wirklich etwas Neues aus. Dann werden Sie Zuhörer haben, die sich das selbst niemals zutrauen würden. Schon bei dem Gedanken daran feuern Ihre eigenen Spiegelneuronen sofort los und heben die Hemmschwelle noch mehr an: „Was sollen die denn von mir denken?" Sagen wir es mal so: Wenn Sie es nicht ausprobieren, werden Sie es leider nie erfahren. Daher ist auch heimliches Üben keine Lösung, denn Reden halten hat zwangsläufig mit Publikum zu tun. Ohne Zuhörer können Sie nie beurteilen, ob das Neue funktioniert. Und Sie werden sich wundern: Nicht darüber, was andere denken werden – denn woher wollen Sie das wissen? –, sondern vielmehr darüber, was diese Ihnen sagen werden.

Wählen Sie selbst

Bei allen Beispielen, Regeln, Vorschlägen und Tipps in Sachen Operation Zwille haben Sie immer die Wahl: Probieren Sie es aus – und dann entscheiden Sie selbst, ob Sie es weiter so machen wollen oder nicht. Testen Sie Alternativen und lassen Sie Ihren Bauch entscheiden, welche Lösung die bessere für Sie ist – für Sie und Ihre Zuhörer. Denn es gibt kein Richtig und es gibt auch kein Falsch. Alles, was zählt, ist die Wirkung, die Sie beim Zuhörer erzeugen. Nichts, aber auch gar nichts von dem, was ich hier geschrieben habe, können Sie auf dem Papier beurteilen. Vielleicht erzähle ich Ihnen nichts Neues. Aber ich erzähle es aus einem neuen Blickwinkel. Außerdem berichte ich von Beispielen aus der Praxis. Vielleicht regt Sie genau das an, sich endlich einmal anders als andere vor Ihren Zuhörern zu präsentieren. Und wenn es nur ein einzelner Satz ist, der etwas in Ihnen auslöst: Das kann schon reichen, um Sie zum Handeln zu bringen.

Und noch etwas: Sie werden nicht auf Anhieb ein besserer Redner sein, wenn Sie dieses Buch gelesen haben. Aber Sie haben die Chance, Ihre nächsten Reden zu straffen – Stück für Stück, immer ein bisschen mehr, immer ein bisschen mutiger. Und dann werden Sie erleben, wie Ihre Zuhörer darauf reagieren. Denn der einzige Beweis, dass Sie etwas gelernt haben in Sachen Reden straffen, sind Ihre eigenen begeisterten Zuhörer!

Schritt für Schritt hin zu straffen Reden

Starten Sie jetzt die Aktion gegen den Missbrauch von Lebenszeit: Straffen Sie Ihre Reden!

Ich wünsche zahlreiche mutige Entscheidungen beim Redenstraffen!

Ihre Katja Kerschgens
Die Redenstrafferin

P. S. Noch eine Anmerkung, bevor es losgeht: Damals an der Universität habe ich mich schon über das beinahe militante Auftreten einiger Sprachwissenschaftlerinnen gewundert. Manche wollten sogar so weit gehen, dass die weibliche Nennform für alle Geschlechter und die männliche nur für das männliche gelten solle. Die schwächeren Varianten zu dieser sprachlichen Emanzipation sind die permanent wiederholte Verwendung beider Formen – „Rednerin" und „Redner" – oder die schwer lesbare stilistische Unsitte mit dem großen I wie in „RednerIn". Ich kann gut damit leben, wenn es andere so machen. Ich kann aber nur schlecht damit leben, meinen eigenen Text damit unleserlich zu machen. Tut mir leid. Gemeint sind natürlich trotzdem alle – Männlein wie Weiblein. Irgendwie mutet es mich seltsam an, das überhaupt erwähnen zu müssen …

Was heißt **Operation Zwille?**

Die kleine Version der Zwille kennen Sie vielleicht noch aus der Schule: Da wurde ein Stück Papier zu einem Krampen zusammengerollt oder geknickt und dann mit einem Gummiband dem Streber in der ersten Reihe in den Nacken geschossen.

Eine Zwille ist das Gleiche in Groß – und damit um ein Vielfaches wirksamer. Professionelle Zwillen werden sogar als Waffen verwendet.

„Moment mal, soll ich jetzt etwa auf meine Zuhörer schießen?"

Langsam. Ob man mit einer Zwille harmlose Zielübungen macht oder versucht, Menschen zu verletzen – das entscheidet nur die Absicht desjenigen, der die Zwille benutzt. Die Zwille selbst ist unschuldig.

Eine Zwille wird in drei Schritten benutzt: Man sucht das passende Schussmaterial, dann strafft man das Gummiband – und zielt. Damit ist die Zwille *das* Symbol für das Halten von straffen Reden.

Sie wählen den passenden **Inhalt** –
und wirken!

Sie erzeugen gehörige **Spannung** –
und begeistern!

Sie treffen den **Zuhörer** im Mittelpunkt
seiner Aufmerksamkeit –
und überzeugen!

Diese drei Symbole finden Sie auf den folgenden Seiten immer wieder. Sie stehen vor vielen Merksätzen und verweisen auf die jeweiligen Schwerpunkte „Inhalt", „Spannung" oder „Zuhörer".

Als weiterer Wegweiser durch die Operation Zwille gibt es dann noch die ZwillLinks:

Die kleinen ZwillLinks und die dazugehörigen rot markierten Begriffe sind Seitenverweise auf vertiefende Inhalte oder Erklärungen.

Wer viel schießt, ist noch kein Schütze,
wer viel spricht, ist noch kein Redner.
Konfuzius

Schon mal an
die Zuhörer gedacht?

Der Groschen ist gefallen, als ich wie so oft bei einem Vortrag im Publikum saß. Es spielt heute keine Rolle mehr, wer diesen Vortrag hielt und worum es darin ging. Entscheidend war der Moment, als ich meinen Blick durch den Raum schweifen ließ – weil ich ohnehin schon lange nicht mehr zuhörte. Rechts kaute jemand mit Hingabe und halbgeschlossenen Augen am Nagel seines rechten kleinen Fingers. Daneben checkte ein junger Mann sein iPhone nach den neuesten Apps. Schräg vorne nickte einem Herrn regelmäßig der Kopf auf die Brust, links verdrehte eine Frau immer wieder genervt die Augen an die Decke. Ein weiterer Zuhörer wippte nervös mit dem Bein.

Achtung Langeweile!

Soll ich noch deutlicher werden? In diesem Moment wurde mir klar vor Augen geführt:

Wer eine Rede hält, ist dafür verantwortlich, was mit der Lebenszeit seiner Zuhörer passiert.

Wie ist es mit Ihnen? Haben Sie

- sich als Zuhörer schon mal bei einem Vortrag gelangweilt?
- überlegt, was Sie hier gerade überhaupt verloren haben?
- sich öfter gefragt, was der Redner eigentlich wirklich sagen will?

- sich in Gedanken weit aus dem Veranstaltungsraum entfernt – und wenn es nur bis zum eigenen, mit Arbeit voll geräumten Schreibtisch war?

Der Redner hat immer die Wahl

Warum haben Sie sich dann überhaupt diesen Vortrag angetan? Ich weiß: Sie hatten wahrscheinlich keine Wahl. Sie müssen einen Redner ertragen, weil Sie eigentlich auf den Vortrag des folgenden Redners warten. Oder Sie sind Mitglied im Verein und wollen an der zu erwartenden Diskussion teilnehmen. Oder der Vortrag ist Teil eines Symposiums, das Sie besuchen (müssen). Oder Ihr Chef hat Sie dorthin gesetzt. Wenn *Sie* schon keine Wahl haben – der *Redner* hätte eine. Wenn aber der Redner seine Chance nicht nutzt, Sie als Zuhörer zu begeistern, dann kann ich nur sagen:

Unstraffe Reden sind Missbrauch von Lebenszeit!

Unstraffe Reden kosten Geld

Dagegen muss etwas getan werden. Denn jede Rede, die anderen Menschen Lebenszeit raubt, kostet Geld. Und das ist eben immer dann der Fall, wenn Menschen durch schlechte Reden demotiviert, gelangweilt oder einfach von der Arbeit – oder auch ihrer wohlverdienten Freizeit – abgehalten werden. Spaßeshalber habe ich einfach mal ein kleines, lustiges Rechenbeispiel aufgesetzt – und damit sicherlich nur einen minimalen Ausschnitt aus all den Fällen gewählt, in denen Lebenszeit alles andere als kostenneutral missbraucht wird:

Laut der Angaben bei Wikipedia[1] lässt sich errechnen, dass in den G8-Staaten jeder arbeitende Mensch im Schnitt circa 35 Euro[2] Stundenlohn erhält. Gehen wir von gut 83.000 Firmen in Deutschland aus, die mehr als 50 Mitarbeiter haben.
Das waren 2005 beispielsweise insgesamt gut 15 Millionen Mitarbeiter.[3] Gehen wir weiter davon aus, dass in einem Viertel dieser Firmen einmal im Jahr Neujahrs- oder Geschäftsberichtsansprachen gehalten werden und dabei etwa die Hälfte der Belegschaft

(bleiben 1,875 Millionen) *für etwa zwei Stunden mit Reden und Vorträgen von der Arbeit abgehalten werden (da sind Reisezeiten und andere Aufwendungen noch gar nicht hineingerechnet). Gehen wir außerdem davon aus, dass die Hälfte dieser Veranstaltungen (und das ist sicherlich noch freundlich geschätzt) keine straffen Reden beinhalten und die Mitarbeiter (das sind jetzt noch 0,93 Millionen Menschen) einfach nur ihre Zeit absitzen. Dann kommen wir auf folgendes Ergebnis: Unstraffe Neujahrs- oder Geschäftsberichtsansprachen kosten allein die Firmen in Deutschland, die über 50 Mitarbeiter haben, 70 Millionen Euro! Für nix. Jahr für Jahr. Grob geschätzt.*

Derlei Rechenbeispiele lassen sich natürlich vervielfältigen und ausweiten – bis hinein in die Vereinsarbeit oder die Kommunalpolitik. Wer sich damit genauer auseinandersetzen würde, käme wahrscheinlich auf schwindelerregende Summen. Aber von allen Zahlenspielen abgesehen – denken Sie mal an Ihre eigenen Erlebnisse als Zuhörer von Vorträgen: Wie oft haben Sie das Gefühl gehabt, dass Ihre Zeit verschwendet worden ist? Das ist schon ärgerlich, nicht wahr?

Reden straffen spart letztlich Geld, denn niemand sitzt gerne unnötig seine teure Zeit ab. Straffe Reden rechnen sich!

Straffe Reden erkennen Sie selbst

Ich spreche Sie als Zuhörer an. Und ich spreche Sie als Redner an. Denn im Zweifelsfall sind Sie immer beides im Leben. Jetzt gibt es aber einen sehr interessanten, sehr menschlichen Widerspruch – zwei Seelen, ach, in Ihrer Brust:

Als Zuhörer können Sie ganz genau sagen, ob Sie eine Rede gut oder schlecht fanden. Dazu brauchen Sie keine Dialektik studiert zu haben. Sie fühlen sich gut unterhalten, informiert oder angeregt – oder eben nicht. Einfach aus dem Bauch heraus.

Da gibt es den Zuhörer in Ihnen …

Mehr noch – wenn Sie jemand fragt, was Ihnen nicht gefallen hat, können Sie es sogar oft beim Namen nennen:

- „Das war viel zu viel Inhalt, ich habe mir nichts gemerkt!"
- „Das hat viel zu lange gedauert, bis der auf den Punkt kam!"
- „Ich habe überhaupt nicht verstanden, worauf der Redner hinaus wollte!"
- „Ich habe gar nicht richtig zugehört, das war einfach nur langweilig, eine Floskel nach der anderen."
- Oder, oder, oder …

… und den Redner in Ihnen! Aber jetzt kommt es: All das, was Sie als Zuhörer bei anderen Reden Positives erlebt haben, ist vergessen – sobald Sie selbst vor Publikum stehen und Sie all das tun, was Sie sich selbst als Zuhörer niemals verzeihen würden:

- Sie zählen wirklich *alle* Aspekte einer Sache auf, um zu überzeugen – was aber für den Zuhörer schwer zu merken ist.
- Sie halten sich zu lange mit Einleitungen, Begrüßungen und Vorankündigungen auf – sprich: Sie liefern Floskeln.
- Sie reden am Publikum vorbei, das im vorgetragenen Thema nicht zu Hause ist, weil Sie sich darüber keine Gedanken gemacht haben.
- Sie verzichten auf Spannungsbögen und Überraschungseffekte.
- Und, und, und …

„Ist doch klar, das machen schließlich alle so, also muss ich das auch so machen. Das erwarten die Zuhörer schließlich von mir!"

„Hilfe! PowerPoint-Orgien, lange Einleitungen, das Aufzählen sämtlicher Argumente reißt mich schon lange nicht mehr vom Hocker – das ist entweder der reinste Info-Overflow oder einfach uninteressant!"

Grundsätzlich wissen Sie, wann Sie eine Rede gut fanden. Aber nicht selten siegt die falsche Hälfte im Streit um eine straffe Rede – nämlich die, die lieber am Alterprobten festhält. Da kann Ihre andere Hälfte noch so oft als Zuhörer das spannende Gegenteil erlebt haben: Spätestens, wenn auch noch die Aufregung oder Zeitdruck dazukommen, brechen die alten Gewohnheiten wieder durch.

Nur weil alle das Gleiche machen, heißt das nicht, dass es alle richtig machen. Straffen Sie Ihre Reden, indem Sie es einfach anders als alle anderen machen!

Damit wir uns gleich richtig verstehen: Reden straffen heißt nicht zwangsläufig, Reden zu kürzen.

Reden Sie – aber straff!

Reden straffen heißt,

- dass dem Zuhörer eine halbe Stunde wie fünf Minuten vorkommt.
- dass Ihre Rede nicht unbedingt kurz, aber immer kurzweilig ist.
- dass Ihre Rede Ihre Zuhörer fesselt, statt sie zu ermüden.

Ich habe mitunter von Menschen Sätze wie diese gehört: „Das war heute aber ein lahmes Publikum!" oder „Die haben gar nicht richtig zugehört!" Hier offenbart sich ein klassischer Denkfehler: Das Publikum kann nichts dafür, wenn es sich nicht unterhalten fühlt. Es gibt nur einen einzigen Menschen, der dafür verantwortlich ist: Der Redner, der es nicht geschafft hat, die Aufmerksamkeit der Zuhörer zu gewinnen.

Reden ist Silber, Schweigen Gold – und Zuhören Platin. Jede straffe Rede ist der beste Rhetoriktrainer – und Ihre Chance als Zuhörer, es bei der nächsten eigenen Rede umzusetzen!

Kritik ernst
nehmen

Einen ganzen Tag lang gab es auf dem Kongress eine Rede nach der anderen zu hören – und zwar von den vermeintlich ganz Großen der Rednerszene. Ich saß im Publikum und musste erkennen, dass die nicht nur alle mit Wasser kochten, manche konnten nicht einmal richtig kochen! Prompt rutscht mir der eine oder andere Kommentar heraus. „Du bist ja immer nur am meckern!", kommt es plötzlich von meinem Sitznachbarn. „Natürlich", sage ich, „ich habe hohe Ansprüche, weil diese Veranstaltung sie in mir geweckt hat. Und eins kann ich dir versichern: Wenn ich hier reden würde und anschließend käme jemand auf mich zu, um mich zu kritisieren – ich würde ihn sofort auf einen Kaffee einladen und ihn eine Stunde lang über seine Eindrücke ausfragen!" Mein Sitznachbar nickt mit nachdenklichem Gesichtsausdruck.

Der Zuhörer ist die entscheidende Instanz. Der Redner hat dafür zu sorgen, dass der Zuhörer ihm gerne zuhört. Nicht umgekehrt. Doch leider wollen viele Redner ihre Reden nur hinter sich bringen – und genauso wirken sie dann auch. Oder sie sind so eingenommen von sich selbst, dass sie keine Kritik mehr zulassen. Straffe Redner dagegen hören auf ihre Zuhörer!

Hören Sie
auf Ihre eigene
Zuhörerhälfte!

 Seite 36

Als Zuhörer freuen Sie sich, wenn Sie ein Redner fesselt. Sie erkennen eine straffe Rede sofort, denn:

- Sie haben wirklich aufmerksam zugehört – weil der Redner vielleicht den Trick des Kopfkinos wie im obigen Beispiel verwendet hat.
- Sie haben zwischendurch geschmunzelt, vielleicht sogar gelacht oder waren berührt!
- Sie haben sogar ein paar Inhalte behalten, die Sie anderen weitererzählen können!
- Sie haben eine überzeugende, sympathische oder faszinierende Persönlichkeit erlebt!
- Sie erinnern sich auch noch lange Zeit später an dieses Erlebnis – denn Sie verbinden ein gutes Gefühl damit!

Achten Sie als Zuhörer immer darauf, was gute und was schlechte Redner *wie* machen. Dann übernehmen Sie mutig das Gute und lassen das Schlechte bleiben.
Das strafft Ihre Reden!

Klingt selbstverständlich, nicht wahr? Seltsam. Denn wenn es wirklich so selbstverständlich ist, warum hält sich dann keiner daran? Sie haben *jetzt* die Chance, es umzusetzen. Je besser und erfolgreicher Redner sind, desto genauer sollten Sie hinhören. Oder denken Sie dann: „Ja, die Großen, die können das ja auch. An die komme ich eh nie heran …"? Wer sagt denn, dass die nicht auch einst ganz unten angefangen haben? Schauen Sie den guten Rednern ihre Erfolgsfaktoren ab und scheuen Sie sich nicht, es selbst auszuprobieren – es lohnt sich:

Seite 7

Erlauben Sie sich selbst, gut zu sein!
Niemand anders wird es Ihnen erlauben.

Fokussieren Sie straffe Reden

Sie kennen diesen Effekt aus dem Alltag: Sie haben sich beispielsweise ein neues Auto gekauft – in einer recht ungewöhnlichen Farbe. Sie sind sich sicher, dass Sie Ihr Fahrzeug jetzt auf jedem Parkplatz auf Anhieb wiederfinden werden. Denn diese Farbe gibt es doch so gut wie gar nicht auf den Straßen, sind Sie sich sicher. Doch ab dem Tag, an dem Sie dieses Auto besitzen, werden Sie plötzlich jede Menge andere Fahrzeuge mit exakt der gleichen Farbe sehen – wo kommen die alle her? In Wirklichkeit waren die alle vorher schon da. Sie haben sie nur nicht wahrgenommen. Jetzt haben Sie Ihre Wahrnehmungsfilter in Ihrem Gehirn auf diese Farbe fokussiert, weil Sie selbst ein Auto in dieser Farbe besitzen – und plötzlich rückt diese Farbe ganz von allein in Ihren Blick. Genauso können Sie Ihren Fokus ab sofort auf gute Redner lenken: Das wird es Ihnen erleichtern, auch Ihre Reden zu straffen – denn Sie haben jetzt ein Ohr und ein Auge dafür.

Wenn Sie dieses Buch in Händen halten, hören Sie keinen Redner. Aber sie werden zahlreiche Beispiele aus der Praxis lesen, die Sie inspirieren werden. Das ist natürlich nicht zu vergleichen mit dem

Erlebnis, wenn Sie einen Redner live hören. Aber es gibt Ihnen ein erstes Gefühl dafür, was straffe Reden ausmacht. Die Erkenntnisse, die Sie hier beim Lesen gewinnen, können Sie auch bei jeder Rede gewinnen, die Sie hören. So oder so werden Sie ein Gefühl dafür entwickeln, was straffe Reden wirklich ausmacht.

Fangen Sie mit den Floskeln an Eine erste, einfache Möglichkeit ist beispielsweise die, dass Sie Ihr Ohr für Floskeln öffnen. Achten Sie ab sofort darauf, wie oft Redner solche überflüssigen Formulierungen benutzen wie:

- *„Wie mein Vorredner ja bereits darstellte ...“*
- *„Ich freue mich über Ihr zahlreiches Erscheinen ...“*
- *„Ich komme nun zu einem weiteren, wichtigen Punkt ...“*
- *„Darauf werde ich im Laufe meiner Rede noch einmal zurückkommen ...“*
- *„Ich würde jetzt gerne auf den nächsten Punkt zu sprechen kommen ...“*
- *„Ich möchte das noch einmal etwas anders formulieren...“*
- *„Auch auf die Gefahr, mich zu wiederholen ...“*

Stellen Sie sich vor, Sie könnten all diese Floskeln aus der Rede eines solchen Redners streichen – das würde schon enorm zur Straffung beitragen! Dasselbe gilt natürlich für Ihre eigenen Reden.

Die Wirkung entscheidet Noch heute werde ich auf manche Reden angesprochen, die ich vor langer Zeit gehalten habe. Die meisten erinnern sich dabei kaum noch an die Inhalte. Aber sie erinnern sich daran, dass es ihnen Spaß gemacht hat oder dass sie interessiert zugehört haben, dass es sie berührte oder nachdenklich gemacht hat.

Es ist übrigens kein Qualitätsmerkmal, wenn sich jemand nur wenig daran erinnern kann, *was* Sie genau gesagt haben. Dieser Effekt ist unserem Gehirn geschuldet, das sich Worte schlechter merken kann als Bilder.

Seite 29

Schon seit den 70er-Jahren des 20. Jahrhunderts geistern beispielsweise die Studien von Prof. Albert Mehrabian durch die Rhetorikliteratur. Er versuchte damals anhand von Experimenten zu verdeutlichen, dass Widersprüche zwischen dem Inhalt einer Aussage sowie der Stimme und Körpersprache schnell hinsichtlich der letzteren beiden Aspekte interpretiert werden. Sagt also zum Beispiel jemand „Freundschaft", betont das Wort aber negativ, so vermutet die Versuchsperson, dass es mit der vermeintlichen Freundschaft nicht weit her sein kann. Ähnliches beobachtete Mehrabian auch hinsichtlich Mimik und Gestik. Heraus kam, dass eine Botschaft nur zu sieben Prozent über den Inhalt, aber zu 38 Prozent über die Stimme und zu 55 Prozent über die Körpersprache wirkt.

Derartige Prozentangaben sind sicherlich strittig. Aber die Gehirnforschung zeigt, dass grundsätzlich etwas dran ist: Das Unterbewusstsein reagiert sehr stark auf optische und akustische Reize und speichert wesentlich mehr davon ab, als unser Bewusstsein mitbekommt. Die Wissenschaft geht sogar davon aus, dass wir zu 95 Prozent aus dem Unterbewusstsein und nur zu fünf Prozent aus dem Wachbewusstsein agieren.[4] Das erklärt auch die „Entscheidungen aus dem Bauch heraus" – streng genommen gibt es keine anderen, denn alles wird vorher mit dem riesigen unbewussten Wissensschatz abgeglichen.

So, wie Entscheidungen unbewusst gefällt werden, so werden Sie auch als Redner vor allem auf der unbewussten Ebene wahrgenommen. Und ebendort entstehen Gefühle wie Sympathie, Spaß, Neugierde oder Vertrauen.

Auch aus einer straffen Rede merken sich die Zuhörer selten die einzelnen Inhalte. Aber das Erlebnis, das mit dieser Rede verbunden wird – das bleibt hängen.

Und damit kommen wir zu einer der wichtigsten Grundlagen für straffe Reden: Wenn Sie sich verstellen, werden die unterbewussten Alarmglocken Ihrer Zuhörer schrillen. Doch genau das passiert, wenn Sie meinen, es allen recht machen zu müssen.

Wer es allen recht machen will, macht was falsch

Stellen Sie sich vor, ein Mann in einem schicken, teuren Anzug geht in einen hippen Snowboardladen – und regt sich dann darüber auf, dass die Ansprache dort nicht so ist, wie er sie von seinem Jaguarhändler gewohnt ist. Wer hat jetzt recht? Oder um es mit Platon zu sagen: „Ich kenne keinen sicheren Weg zum Erfolg, aber einen sicheren Weg zum Misserfolg: Es allen recht machen zu wollen." Sie können nicht von allen geliebt werden. Wenn Sie glauben, es immer allen recht machen zu müssen, werden Sie ein unglückliches Leben führen – denn Sie werden versagen.

> Versuchen Sie gar nicht erst, es allen recht zu machen. Wer straffe Reden halten will, stellt sich höchstens die Frage: Wem würde ich es am liebsten recht machen?

Normal kann ja jeder Leider tappen viele Menschen gerne in die klassische Falle, in die uns übrigens auch wieder unser Unterbewusstsein schickt: Wir wollen normal sein. Bloß nicht auffallen oder aus der Rolle fallen.[5] Die Folge sind dann eben auch „normale" Reden – im wahrsten Sinne, weil sie nicht von der Norm abweichen. Solche Reden versetzen aber niemanden in Begeisterungsstürme. Im Gegenteil: Sie sind langweilig, weil sie eben *nicht* gegen die Norm verstoßen! Also trauen vielleicht auch Sie sich nicht, ungewöhnliche Reden zu halten, weil sie damit gegen eine (gedachte) Norm verstoßen. Doch im Gedächtnis bleibt das Ungewöhnliche, Überraschende, Schräge. Daher seien Sie mutig – Ihre Zuhörer werden Ihnen bewusst und auch unbewusst danken!

„Schön, wenn andere tolle Reden halten – aber wenn ich vor ein Publikum gehe, verkrampfe ich total. Ich weiß irgendwie nicht, was man von mir erwartet. Und wie ich in meine Rolle als Redner komme."

Diese Reaktion hat viel mit der Angst zu tun, es allen recht machen zu wollen, der Norm zu entsprechen. Doch wie sollen die Zuhörer wissen, wer Sie wirklich sind, wenn Sie es nicht zeigen? Und nur das ist für die Zuhörer wirklich entscheidend: Sie wollen Sie näher kennenlernen! Reden straffen ist echte Emotion und damit das Gegenteil von Fassung bewahren: Wer seine wahren Gefühle während seiner Rede zeigt, zeigt sich selbst. Und nur den wollen die Zuhörer sehen!

Beispiel

Die Teilnehmerinnen in meinem Rhetorikseminar für Frauen bereiteten ihre Abschlussrede vor. Eine jammerte leise vor sich hin: „Ich weiß ja gar nicht, ob Sie das überhaupt interessiert, was ich da gleich erzähle …“ Als sie an der Reihe war, begann sie mit den Worten: „Ich habe 15 Kilogramm abgenommen!“ Und dann berichtete sie mit dem Krimitrick *von einem Sport, der es ihr ganz einfach gemacht hatte, dieses Ziel zu erreichen, der ihr viele neue Freunde eingebracht hatte, der ihr bis heute Spaß macht.* Am Ende *verriet sie: „Dieser Sport ist Aquajogging – und ich empfehle Ihnen: Probieren Sie es auch aus!“ Anschließend sehen wir uns alle gemeinsam die Videoaufnahme an. Wieder jammert sie: „Ich weiß immer noch nicht, ob Sie das überhaupt interessiert hat, das ist ja nur mein Hobby.“ Sie erntet Empörung: „Das war total interessant!“ „Ich wollte unbedingt wissen, was Sie für einen Sport machen!“, kurz: Das Feedback ist großartig. Sie hatte ihre Begeisterung für ihr Hobby so anschaulich rübergebracht, weil sie ganz bei sich selbst war: Ihre Augen leuchteten, sie sprühte vor echter Begeisterung. Damit machte sie neugierig und überzeugte. Es kam weniger darauf an,* was *sie erzählte – es kam darauf an,* wie *sie es erzählte! Die Teilnehmerin ging mit neuem Selbstbewusstsein nach Hause: Wir hatten ihr erlaubt, sie selbst zu sein!*

Seite 76

Seite 70

Straffe Reden erlauben es dem Redner, er selbst sein zu dürfen.

Ein straffer Redner spielt niemals eine Rolle. Wer vor Publikum eine Rolle spielt, spielt Theater. Wer aber eine Rede hält, sollte bei sich selbst bleiben, denn diese „Rolle“ kennt er am besten. Und je echter jemand wirkt, umso lieber gehen die Zuhörer innerlich mit,

Raus aus der Rolle!

ja, vertrauen ihm sogar unbewusst: „Wer so viel von sich zeigt, scheint auch sonst ein ehrlicher Mensch zu sein!"

> **Ein straffer Redner gibt etwas von sich selbst preis, berührt Menschen und schafft Vertrauen. Wer eine Rolle spielt, schottet sich ab.**

Wenn Sie einfach nur Sie selbst sind, verbrauchen Sie am wenigsten Energie und sind kaum abgelenkt von Ihrer Aufgabe, Ihre Rede zu halten. Wenn Sie aber eine Rolle spielen, sollten Sie ein gutes Gedächtnis haben: Wann und wo waren Sie genau *wer* ...? Ihre Gesten wirken einstudiert, Ihre Worte vielleicht sogar gestelzt. Fänden Sie selbst einen solchen Redner sympathisch?

Wenn Sie sich nicht verstellen, haben Sie natürlich ein Problem: Es könnte jemanden geben, der Sie nicht so akzeptiert, wie Sie eben sind. Also verstellen Sie sich vielleicht doch wieder, um auch dem letzten zu gefallen?

> **Reden straffen heißt: Sie können nie alle überzeugen. Was Sie brauchen, sind Mehrheiten.**

Schwächen sind erwünscht

Ein Redner, der ganz bei sich selbst ist und keine Rolle spielt, ist ein Unikum und unverwechselbar. Alles andere ist Theater. Das heißt auch, dass Sie zeigen sollten, dass Sie über sich selbst lachen können. Zeigen Sie, dass Sie ein Mensch sind. Stehen Sie zu Ihren Schwächen oder Fehlern.

Beispiel

Fast zweihundert Zuhörerinnen lauschten in dem großen Saal meinem Vortrag. Ich war gut in Fahrt, sprach wie immer frei. Plötzlich erinnern mich meine eigenen Worte an eine Geschichte. Und ich sage auch noch: „Ach, dazu fällt mir gerade eine sehr passende Geschichte ein ..." Und dann – nichts mehr. Sendepause. Blackout. Die Geschichte ist in dem Moment, in dem sie mir in den Kopf gekommen war, auch schon wieder verschwunden. Keine Chance, ich komme einfach nicht mehr drauf, was ich gerade erzählen wollte. Ich schaue mit verblüfftem Gesichtsausdruck in den Saal – und schweige. Da fängt eine Dame in den ersten Reihen schallend an zu lachen, ich erkenne sie: Sie war Teilnehmerin in einem meiner Seminare gewesen. Ich schaue sie an, frage sie: „Was habe ich Ihnen gesagt, was Sie machen sollen, wenn Ihnen bei einer Rede der Faden reißt?" Sie ruft lachend zurück: „Ich soll sagen, dass mir der Faden gerissen ist!" Ich sage: „Danke! Das tue ich jetzt auch: Mir ist der Faden gerissen!" Es folgt fröhliches Gelächter im Saal und Szenenapplaus. Ich orientiere mich neu anhand meiner *Redekarten* und setze meine Rede  Seite 99 kurzerhand an anderer Stelle fort. Noch beim Verabschieden am Ende der Veranstaltung fragten mich einige Zuhörerinnen, ob mir meine Geschichte denn wieder eingefallen sei. Aber sie war immer noch weg, und wir lachten herzlich darüber. Lange Zeit später traf ich einige der Damen wieder, die diesen Vortrag erlebt hatten. Sie lachten wieder fröhlich. „Ach, das fanden wir ganz toll, dass Sie da einen Aussetzer hatten", sagten sie, „das war so menschlich. Es war beruhigend zu sehen, dass das auch einem Profi passieren kann!"

„Habe keine Angst vor der Perfektion. Du wirst sie nie erreichen", hat Salvador Dalí gesagt. Ein wahrer Satz. Denn Perfektion erzeugt Aggression. Fehler machen uns zu Menschen. Und an Menschen erinnern wir uns am liebsten.

Gehen Sie niemals davon aus, dass Sie Ihre Rede *so* halten werden, wie Sie sie vorab geplant haben. Es wird immer ein bisschen anders kommen, Sie werden Sätze anders formulieren, Aussagen vergessen oder anders sprechen als vorher ausgedacht.

Meistens kommt es anders …

Das macht nichts. Denn die einzige Person, die das weiß, sind Sie selbst. Ihre Zuhörer wissen nicht, was Sie *eigentlich* sagen wollten. Wenn Sie also nach Ihrer Rede unzufrieden sind, dann liegt das ausschließlich an der Perfektionsfalle in Ihrem eigenen Kopf. Die Zuhörer hören nur das, was sie hören. Und das sind für sie hundert Prozent. *Ihre* gewünschten hundert Prozent sind ein Traum. Und wie das mit Träumen immer so ist: Sie lassen sich schwer einfangen. Also setzen Sie sich nicht unnötig unter Druck: Perfektion ist nicht das Ziel. Menschlichkeit sollte Ihr Ziel als straffer Redner sein!

Reden straffen ist das Gegenteil von Perfektion: Improvisation und Fehler wirken menschlich und werden vom Zuhörer begrüßt.

Durchbrechen Sie Denkmuster!

Wer etwas anders macht als andere, der lehnt sich weit aus dem Fenster. Sie wollen sich lieber nicht aus dem Fenster lehnen? Das ist nachvollziehbar, denn wer das tut, gibt vielen die Chance, zu einem vernichtenden Schlag auszuholen. Wer laut sagt, was er denkt, riskiert Kritik. Aber wer es lässt, riskiert Profillosigkeit. Umso mehr ist der Mut des Redners zu bewundern, der ausspricht, was er denkt. Denn Redner, die auch mal polarisieren, regen ihre Zuhörer zum Denken an.

Nur wer sich weit aus dem Fenster lehnt, überblickt den ganzen Horizont: Straffe Reden entwickeln Visionen.

George Orwell hat das einst wunderbar formuliert: „Wenn Freiheit überhaupt etwas bedeutet, dann das Recht, anderen Leuten das zu sagen, was sie nicht hören wollen." Wie wahr. Doch viele Menschen wollen sich in ihrem Denken nicht gestört fühlen. Und gerade alte Denkmuster und falsche Vorstellungen verleiten Menschen dann dazu, unstraffe Reden zu halten. Doch gerade starke Statements und klare Meinungen bringen den Zuhörer dazu, plötzlich aufmerksam hinzuhören. Und jetzt stellen Sie sich vor, Sie halten eine Rede, und alle hören zu! Klingt witzig, ist aber nicht witzig gemeint. Bei vielen Reden geschieht genau das nämlich *nicht*. Aber versetzen Sie sich jetzt in die Rolle des Redners: Fühlt sich das gut an, wenn die Zuhörer anfangen, ins Leere zu starren, zu gähnen oder auf die Uhr zu schauen, weil sie wieder nur „Normales" vorgesetzt bekommen?

Straffe Reden halten ist mehr als nur ein Flirt mit dem Publikum: Es ist ein Heiratsantrag.

Das Geheimnis bei straffen Reden ist, dass ein Redner spürt, wenn seine Zuhörer ihm ihr Ja zuwerfen: Sie hängen an seinen Lippen. Und Lippenhänger im Publikum sind Gänsehautmacher beim Redner. Da fängt es dann auch an, dem Redner Spaß zu machen. Ach ja, noch so ein Satz: Stellen Sie sich vor, Sie halten eine Rede, und es macht Ihnen Spaß!

Mein Kunde wollte einen Vortrag straffen, mit dem er üblicherweise seine Firma vor neuen Kunden präsentierte. Zwei Ansagen prägten die Vorgespräche des Einzelcoachings: „Ich will bei PowerPoint bleiben, das ist so üblich in meiner Branche. Und ich habe überhaupt keinen Spaß am Reden halten!" Zu Beginn des Coachings ließ ich den Geschäftsführer seinen Vortrag so halten wie immer. Ich nahm alles mit der Kamera auf. Anschließend lasse ich ihn seinen gesamten Vortrag ansehen – eine halbe Stunde lang. Er windet sich auf seinem Stuhl, schüttelt immer wieder den Kopf. Wir halten die Aufnahme alle paar Minuten an, besprechen einzelne Punkte. Am Ende der Aufnahme geht er zu seinem Laptop. Er klappt ihn zu. Er sagt zu mir: „Frau Kerschgens, ich habe verstanden. Und was machen wir jetzt?" Wir nutzten den gesamten restlichen Tag, um seinen Vortrag mit seinen persönlichen Geschichten zu bereichern. Er lernte, Kopf-kino zu erzeugen. Jetzt konnte er nur mit einem Flipchart die Kernaussagen seines Vortrags anschaulich machen. Drei Wochen nach unserem gemeinsamen Termin rief er mich an: „Ich habe zum ersten Mal diesen Vortrag gehalten – und anschließend sagte der potenzielle Kunde zu mir: ‚Das war ein toller Vortrag!' Und wissen Sie was, Frau Kerschgens? Es hat mir auch noch Spaß gemacht!"

Beispiel

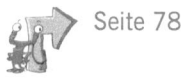 Seite 78

Ein Redner sollte sich selbst als Zuhörer erlebt haben, um ganz schnell von alten, falschen Vorsätzen abzukommen und die wahren Bedürfnisse seiner Zuhörer zu erkennen – Zuhörer, der er ja selbst auch immer wieder bei anderen ist. Ein Redner, der den Mut hat, Neues auszuprobieren, wird Erfolg und Spaß daran haben. Ja, er wird schon während seines Vortrags Spaß empfinden, denn er weiß um die Wirkung beim Zuhörer und spürt den Effekt straffer Reden. Doch

Lernen Sie aus Ihrem Erfolg!

Neuland betreten ist ja bekanntlich das Gegenteil von Sicherheit, die auf den ersten Blick viel verlockender wirkt. Viele Redner suchen die vermeintliche Sicherheit daher auf dem Papier:

„Ich schreibe meine Reden auf, das kann ich schön in Ruhe vorbereiten – und dann mache ich auch keine Fehler bei meinem Vortrag, weil ja alles schon ausformuliert ist."

Nur die freie Rede
ist eine Rede

 Seite 52
Seite 47

Wer eine Rede ausformuliert und aufgeschrieben hat, hält keine Rede, sondern eine Lese. Das wirkt nicht nur unpersönlich und unspontan, es klingt meistens gestelzt und ist bespickt mit schwer verdaulichen Worthülsen, Schachtelsätzen und Fachbegriffen. Spontanes Eingehen auf vorherige Redner oder aktuelle Zusammenhänge sind nachträglich nur schwer einzubauen. Oder wie es bereits Henry Kissinger ausdrückte: „Eine abgelesene Rede garantiert, dass Ihnen das Publikum nicht zuhört."

**Reden straffen heißt, frei zu sprechen:
Halten Sie Reden, keine Lesen!**

Straffe Redner sprechen frei – und zwar so, wie es ihnen über die Lippen kommt. Das wirkt authentisch und spontan. Wer bei straffen Rednern mal mitschreiben sollte, wird sehen, dass sie entgegen jeder Grammatikregel sprechen. Das liegt daran, dass frei gesprochener Text gänzlich anderen Regeln gehorcht als geschriebener Text. Ein frei gesprochener Text lebt und bewegt sich mit dem Redner mit. Und nur ein bewegter Redner bewegt auch seine Zuhörer. Das spricht für Stichworte auf einer Redekarte, aber niemals für ausformulierte Sätze.

 Seite 47

 Seite 99

So weit, so gut. Doch bevor Sie mit den passenden Inhalten wirken, mit Spannung begeistern und Ihre Zuhörer überzeugen, sollten Sie wissen, wie das Gehirn Ihrer Zuhörer funktioniert. Denn da wollen Sie schließlich hinein, oder?

Gehirn: ein Organ, mit dem wir denken,
dass wir denken.
Ambrose Bierce

Köpfe brauchen Bilder!

Das menschliche Gehirn ist ein Wunderwerk der Natur. Aber es hat sich nie neu erfunden, sondern nach und nach weiterentwickelt, dabei neue Entwicklungen auf alte aufgesetzt. Das heißt, dass es nach vielen Millionen Jahren noch Eigenschaften mit sich herumträgt, die unter heutigen Bedingungen etwas umständlich wirken. Dazu gehört auch, dass die Nervenbahnen, die Bilder verarbeiten können, seit etwa 500 Millionen Jahren ihre Arbeit verrichten. Der Teil des Gehirns aber, der Sprache verarbeiten kann, ist vielleicht seit 100.000 oder 150.000 Jahren in dieser Form aktiv.[6] Oder anders gesagt: Jede Kaulquappe kann gucken, aber nicht quatschen. Das wirkt sich aus:

Bilder sind schneller als Worte

Das Gehirn kann Bilder schneller verarbeiten als Sprache, denn darin hat es die meiste Übung.

Im Umkehrschluss heißt das vereinfacht dargestellt: Ein Mensch versteht Sprache erst, wenn er ein Bild dazu im Kopf hat. Das passiert natürlich meistens unbewusst, wie überhaupt der Großteil des Denkens unbewusst stattfindet.

Seite 20

Es gibt einen genial einfachen Test, der beweist, wie bildlastig unser Gehirn arbeitet. Stellen Sie sich vor, jemand gibt Ihnen die folgende Anweisung:

„Bitte strecken Sie Ihren Arm senkrecht aus!"

Und? Wie lange haben Sie gebraucht, um den Widerspruch zwischen der schriftlichen Anweisung und dem Bild zu erkennen? Dieser Test funktioniert noch viel besser mit gesprochener Sprache. Ich kann ihn mit Hunderten von Zuhörern in einem Saal durchführen – und alle stehen im ersten Moment genauso da wie ich: mit waagerecht ausgestrecktem Arm. Nach einiger Zeit gehen die ersten Arme in die Höhe, oft erst nachdem ich wiederhole: „Ich habe *senkrecht* gesagt!" Oder wenn die Zuhörer sehen, dass andere im Publikum plötzlich den Arm nach oben strecken. Na gut, nicht immer *alle* … Aber die, die auf Anhieb den Arm nach oben strecken, brauchen eine gefühlte Sekunde länger, bis sie sich bewegen. Der Widerspruch braucht ein Bild im Kopf – erst dann wird er bewusst. Und das dauert einen Moment.

Das Gehirn versteht schrittweise

Gerne zeige ich Ihnen, was bei einer solchen widersprüchlichen Anweisung in Ihrem Gehirn passiert (natürlich sehr vereinfacht dargestellt):

1. Sie erhalten die Anweisung: „Bitte strecken Sie den Arm senkrecht aus!" Aber die Person, die die Anweisung gibt, streckt mit einer selbstsicheren Geste ihren Arm waagerecht aus.

2. Ihr Gehirn will nun der Anweisung folgen. Dabei kommen der gesprochene Text und das Bild gleichzeitig an. Aber der Teil Ihres Gehirns, der Bilder verarbeiten kann, macht das schon seit Jahrmillionen. Also reagiert dieser Teil sofort: Das Bild ist ruckzuck verstanden, Sie machen es sofort nach. Maximal überlegen Sie vielleicht noch, ob der rechte oder linke Arm gemeint war.

3. Parallel wird der Text verarbeitet, der gesprochen wurde. Dazu wird jetzt im bildverarbeitenden Teil des Gehirns gesucht: „Wie sieht ‚senkrecht' eigentlich aus?" Senkrecht ist ein sehr abstrakter Begriff, denn was heißt denn senkrecht zum Beispiel in Bezug auf was eigentlich? Irgendwann taucht das Bild vom senkrecht ausgestreckten Arm auf – und jetzt erst (!) wird Ihrem

Gehirn der Widerspruch bewusst! Oder eben, wenn jemand anders plötzlich den Arm senkrecht ausstreckt und dieses Bild zum gesuchten passt.

Sie merken: Das dauert erstaunlich lange. Denn bei der Übersetzung von Sprache findet immer dieser Vorgang statt:

- Erst sucht das Gehirn zum gehörten oder gelesenen Wort ein Bild / Gefühl / Farbe / Form …,
- damit setzt erst das Verstehen dieses Wortes ein
- und dann erst kann das Gehirn von den Worten überzeugt werden!

Die Evolution hat so gesehen eben auch Nachteile: Unser Gehirn schleppt ältere Verfahrensweisen mit, die von neuen Funktionen nur grob überblendet wurden. Daher hängt eben der Vorgang zum Verstehen von Sprache nahe am Bilderzentrum, das nun mal – rein evolutionär betrachtet – zuerst da war. Natürlich finden all diese Vorgänge in rasanter Geschwindigkeit statt und kosten daher viel Energie.

Das allermeiste bekommen die Gehirnbesitzer bewusst überhaupt nicht mit. Dafür aber sind die Auswirkungen umso deutlicher zu erkennen. Und daraus lassen sich ein paar einfache Regeln herleiten:

Abstrakte Sprache = aussteigende Zuhörer

Je abstrakter die verwendeten Wörter sind, umso länger braucht das Gehirn, um ein Bild dafür zu finden, das dann verstanden werden kann.

Dieser Effekt ist für Redner wichtig zu wissen. Denn umgekehrt heißt das:

Straffe Reden beachten die Zuhörergehirne: Sie nutzen Bilder! Umso schneller verstehen Ihre Zuhörer Sie und umso lieber folgen sie Ihnen.

Wenn das „Übersetzen" der gesprochenen Sprache zu lange dauert, da zu viele abstrakte Begriffe darin vorkommen, schalten Ihre Zuhörer einfach ab. Das ist kein böser Wille, sondern das reflexartige Ausweichen vor unnötiger Denkarbeit. Unbewusst, versteht sich. Bewusst merken Sie es daran, dass Ihnen Ihr Publikum „wegkippt": Es wird unruhig im Raum, die Zuhörer schauen auf die Uhr oder es wird getuschelt. Das fühlt sich weder für die Zuhörer, noch für den Redner gut an.

Seite 47

Bilder heißt: Beispiele!

Viele Redner bringen häufig sehr pauschale Aussagen:

- „Unser Produkt ist sehr innovativ."
- „Unsere Firma ist marktführend."
- „Das Gerät arbeitet höchst effektiv."
- „In unserem Verein geht es sehr menschlich zu."
- „Unsere Firma steht für soziale Verantwortung."

Springen Sie bei solchen Sätzen auf und rufen „Hurra!"? Ich bin mir sicher, dass derartig pauschale Formulierungen niemanden hinter dem Ofen hervorlocken. Zu oft haben auch Sie das schon gehört, zu viele behaupten all das von sich selbst. Aber Rednern rutschen gerade solche pauschalen Wörter wie innovativ, kompetent, gerecht, erfolgreich oder effektiv immer wieder heraus. Mehr noch: Sie glauben, damit überzeugend zu wirken.

Das Bildergehirn Ihrer Zuhörer schläft bei solchen Wörtern schlicht ein. Der Grund ist einfach: Diese Wörter sind nur schwer zu verstehen. Verstehen entsteht ja dadurch, dass unser Gehirn sozusagen *sieht*, um was es geht. Sie erinnern sich an den Trick mit dem Wort „senkrecht"? Dieses Wort sitzt – bildlich gesprochen – ganz weit vorne im Sprachzentrum. Es ist sehr abstrakt. Es braucht eine Weile, bis Sie das passende Bild dazu in Ihrem Kopf ent-

Seite 30

wickeln können. Genauso ist es mit Wörtern wie *preiswert, Kundenorientierung, flexibel, bedienerfreundlich, hohe Sicherheitsstandards …* Sie erzeugen keine Bilder, denn sie sind viel zu abstrakt.

Damit Ihre Zuhörer Ihnen leicht und gerne folgen, sollten Sie Ihre pauschalen Aussagen gegen bildstarke Beispiele austauschen.

Bilder für pauschale Begriffe finden

Aus „Unser Produkt ist sehr innovativ" wird: „Unser Produkt hat gleich im ersten Jahr seiner Einführung zwei europäische Preise gewonnen – das hat noch kein Mitbewerber geschafft."

Jetzt haben Ihre Zuhörer ein Bild davon, was „innovativ" heißen kann. Sie haben ein konkretes Beispiel gehört, das den Begriff sozusagen umschreibt. Sie beweisen als Redner anhand von Fakten, dass Ihr Produkt innovativ ist – ohne diesen Begriff auch nur erwähnt zu haben.

Aus „Unsere Firma ist marktführend" wird: „Es gibt drei Firmen weltweit, die dieses Produkt herstellen. Von diesen dreien haben zwei Firmen einen Umsatz von knapp drei Millionen Euro. Wir haben einen Umsatz von – fünf Millionen Euro."

Zahlen sind immer sehr konkret und machen Beispiele griffig. Jetzt haben die Zuhörer ein Gefühl dafür, was es heißt, Marktführer zu sein. Stellen Sie Zahlen in einen Vergleich, erhöht das die Wirkung.

Seite 93

Aus „Das Gerät arbeitet höchst effektiv" wird: „Die meisten Geräte verbrauchen so viel Strom wie ein Staubsauger. Wie ein Industrie-Staubsauger. Unser Gerät verbraucht ebenfalls so viel Strom wie ein Staubsauger. Wie ein Hand-Staubsauger."

Nutzen Sie Beispiele aus dem Alltag

Um einen pauschalen Begriff in ein anschauliches Beispiel umzuwandeln, eignen sich häufig Vergleiche aus der Alltagswelt. Damit holen Sie Ihre Zuhörer sozusagen aus deren vertrauten Umgebung ab und bringen Ihre eigene Welt damit in Verbindung. Das funktioniert beispielsweise auch sehr gut bei komplexeren technischen Vorgängen.

Beispiel

Die MP3-Technik, die Musik so komprimiert, dass sie in kleinsten iPods transportiert werden kann, wurde von Karlheinz Brandenburg, Leiter des Fraunhofer-Instituts für Digitale Medientechnologie, erfunden. Und dieser Mann hat auch noch eine wunderbare, aus dem Alltag übernommene bildhafte Erklärung gefunden, wie dieses Verfahren funktioniert. Alle wesentlichen Bestandteile der Harmonien, Melodien und Rhythmen werden technisch so erhalten wie Gemüse- und Fleischbröckchen in einer Tütensuppe. Ein solches Konzentrat braucht wenig Platz und ist leicht zu transportieren. Wenn die digitalisierten Daten wieder zu Musik werden sollen, rekonstruiert die Software sie, so wie das heiße Wasser das Tütensuppenkonzentrat in eine Suppe zurückverwandelt. Das MP3-Verfahren ist also „eine Art kulinarisches Gefriertrocknen".[7] Das erklärt meines Erachtens auch noch etwas anderes: So wie keine Tütensuppe der Welt eine Suppe aus frischen Zutaten aus dem eigenen Garten ersetzen kann, so ersetzen auch MP3-Musikdateien niemals das Hörerlebnis in einem Konzertsaal und eines live spielenden Orchesters.

Werden Sie konkret

Aus „In unserem Verein geht es sehr menschlich zu" wird: „Wenn ein Mitglied unseres Vereins umzieht, dann packen alle mit an – natürlich immer vorausgesetzt, dass es danach auch eine Party gibt!"

Ein Beispiel steht stellvertretend für die gesamte pauschale Aussage. Dieses eine Beispiel erzeugt ein Bild in den Köpfen Ihrer Zuhörer, das wesentlich besser hängen bleibt als jede allgemeine Aussage. Zählen Sie also nicht viele Argumente auf, um dem pauschalen Begriff gerecht zu werden, sondern konzentrieren Sie sich auf *einen* Aspekt, den Sie mit einem Beispiel untermauern. Und das machen Sie so konkret wie möglich. Das obige Beispiel könnte noch konkreter werden, indem Sie eine Geschichte erzählen, die Ihre Aussage unterstützt:

„Als der Paul umgezogen ist, hat Michael den Laster bereitgestellt. Klaus hat Umzugskisten besorgt. Martina hat die Putzkolonne angeführt. Ursula hat anhand eines Plans genau angeleitet, wo welche Möbel hinkommen. Alle zweiundzwanzig Mitglieder des Vereins haben einen ganzen Tag lang tatkräftig geholfen. Wir alle wussten aber auch, warum wir das taten. Denn Paul hatte schließlich das Bier besorgt und die Schnittchen gemacht – für die anschließende Party!"

Bringen Sie Namen ein, erzählen Sie von Menschen, zeigen Sie diese in Aktion. Dadurch werden die Bilder in den Köpfen Ihrer Zuhörer noch deutlicher, Ihre Botschaft noch einfacher nachvollziehbar.

Zeigen Sie Menschen

Aus „Unsere Firma steht für soziale Verantwortung" wird: „Als unsere Kollegin ihren schweren Verkehrsunfall hatte, waren wir völlig geschockt. Vom einen auf den anderen Tag saß sie im Rollstuhl. Während ihres Krankenhausaufenthalts haben wir eine Rollstuhlrampe am Eingang bauen lassen und ihr Büro in die Nähe des Aufzugs verlegt. Außerdem haben wir einen speziellen Schreibtisch besorgt, an dem sie mit ihrem Rollstuhl besser zurechtkommt. Als sie wieder zur Arbeit kam, konnte sie nahtlos weiterarbeiten wie bisher – es war alles vorbereitet. Seitdem haben wir zwei weitere körperbehinderte Mitarbeiter. Denn die Freude unserer Kollegin über die einfache Rückintegration trotz ihrer Behinderung hat uns dazu bewogen, auch weitere behinderte Fachleute einzustellen, von denen es genug gibt."

All diese Beispiele zeigen erneut, dass Reden *straffen* nicht unbedingt Reden *kürzen* heißt. Viel wichtiger ist, Bilder in den Köpfen der Zuhörer entstehen zu lassen. Und dazu braucht es manchmal sogar eher ein paar Worte mehr. Doch die Wirkung ist um ein Vielfaches verstärkt und strafft damit das Erlebnis beim Zuhörer.

Das Leben schreibt die stärksten Geschichten –
straffe Reden sind voll davon!

Bilder heißt: Kopfkino!

Stellen Sie sich vor … *Stellen Sie sich vor, Sie wollen an einem Fluss für die Schönheit Ihres eigenen Ufers werben. Sie schreien über den Fluss hinüber, wie schön es bei Ihnen ist. Ihre Zuhörer können nur Ihren Worten Glauben schenken. Das ist anstrengend, uneffektiv und hat wenig Wirkung. Besser ist es, Sie gehen mit Ihren Zuhörern gemeinsam über die Brücke und zeigen die Dinge direkt vor Ort, führen Ihre Zuhörer herum, lassen sie es selbst erleben. Die Zuhörer können sich mit ihren eigenen Augen überzeugen – und Sie können sich das Schreien sparen.*

Natürlich können Sie Ihre Zuhörer in Wirklichkeit nicht an die Hand nehmen. Aber Sie können es mit Worten tun. So wie in dem obigen Beispiel, das mit dem Halbsatz anfängt: „Stellen Sie sich vor …" Das garantiert, dass die Bilder in den Köpfen Ihrer Zuhörer zu laufen beginnen.

„Stellen Sie sich vor, Sie hätten keine Arme. Wie ziehen Sie sich Ihre Socken an? Wie putzen Sie sich die Zähne? Wer hilft Ihnen, wenn Sie im Restaurant auf die Toilette gehen? Überhaupt – wie essen Sie?" – Pause – *„Die Behinderten, mit denen wir arbeiten, haben teilweise weder Arme noch Beine. Unser Verein setzt sich dafür ein, dass diese Menschen ein fast normales Leben führen können."*

Machen Sie Ihre Zuhörer betroffen. Schildern Sie eine Situation, indem Sie einen Satz anfangen mit: „Was wäre, wenn …?" Lassen Sie Ihre Zuhörer in Gedanken aktiv werden.

„Was wäre, wenn Ihre Bank Ihnen morgen kein Geld mehr geben würde? Wenn Ihr Bankberater sagt: ‚Tut uns leid, aber Ihr Konto ist leer! Unsere Bank ist pleite.‘ Wie würden Sie eine Woche später Ihre Miete überweisen? Mit welcher Kreditkarte wollen Sie bezahlen, wenn Sie im Supermarkt sind? Wer würde Ihnen helfen? Sie verlassen sich darauf, dass Sie stets an Ihr Geld kommen. Aber wer gibt Ihnen diese Sicherheit? Das ist unser Thema heute: Ihre Sicherheit!"

Worte allein überzeugen nicht. Straffe Reden beziehen die Zuhörer in das Erleben mit ein – das überzeugt!

Betroffenheit bei den Zuhörern können Sie auch auslösen, indem Sie Denkfragen stellen. Ein weiterer Trick ist, dass Sie Ihre Zuhörer einen Film sehen lassen – in deren eigenen Köpfen. Dann werden Ihre Reden nicht nur straffer – sie werden ganz großes Kino!

Seite 83

Seite 78

Bilder heißt: Bilder!

Sicher, der Trick mit den Bildern ist nicht neu. Ein klassischer Lehrsatz in vielen Büchern über das Redenhalten lautet beispielsweise: „Nutzen Sie mehrere Sinneskanäle bei Ihren Zuhörern." Das wird auch fleißig umgesetzt von vielen Rednern – und hat bis heute zur Folge, dass Reden immer häufiger mit bunten Power-Point-Präsentationen überfrachtet werden. Je bunter, je schöner. Je mehr sich bewegt, ins Bild hineinfliegt, je mehr Grafiken, Logos und Bildchen aufklappen, umso kompetenter wirkt doch der Redner – so die allgemeine Meinung.

Tut mir leid, aber das Gegenteil ist der Fall. Von wegen zwei Sinneskanäle: Wenn auf beiden Kanälen Mist läuft, dann hilft auch das ganze Zappen nichts. Gehirne lieben simple Botschaften. Je einfacher, desto besser. Zuhörergehirne, die mit Informationen,

Das Gehirn liebt es einfach

Zahlen, Diagrammen überfrachtet werden, schalten schnell ab. Das tun sie übrigens grundsätzlich, ob mit oder ohne PowerPoint.

Überhaupt sinkt das Publikum doch schon erschöpft in die Sessel, wenn auf der ersten PowerPoint-Seite rechts unten „Seite 1 von 65" steht: „Das kann ja dauern …" ist dann noch die freundlichste Reaktion der Zuhörer. Und nicht nur das: Viele Redner lesen ihre Texte gerne direkt vom PowerPoint-Chart an der Wand ab. Möglicherweise folgen sie den dortigen ausformulierten Sätzen auch noch mit einem Laserpointer, um nur ja nicht die Zeile zu verlieren. Klar, es sollen ja alle Sinneskanäle angesprochen werden … Entschuldigung, aber für wie beschränkt wird da eigentlich das Publikum gehalten? Glauben solche Redner, dass die Zuhörer nicht lesen können?

PowerPoint
überfordert die
Zuhörer

Damit ist dann wohl der Höhepunkt der deutschen Rhetorikkunst erreicht, nicht wahr? Mein ehemaliger Professor am Institut für Linguistik an der Universität zu Köln, Prof. Dr. Fritz Serzisko, findet dafür heute deutliche Worte: „PowerPoint zwingt Verhaltensweisen auf." Und aufgezwungen ist eben nie straff, denn aufgezwungen verhindert Wirkung. Eine solche Präsentation hat die immer gleichen Folgen: Die Zuhörer sind überfordert. Ja genau, *überfordert*! Was genau sollen sie denn nun tun? Dem Redner zuhören oder das lesen, was an die Wand geworfen wurde?

Wenn die Zuhörer lesen, was auf dem PowerPoint-Chart steht, können sie nicht mehr aufmerksam zuhören. Wird ihnen der Text vom Redner vorgelesen, kommen sie sich mindestens geschulmeistert vor. Oder sie lesen schneller als der Redner, was ebenso unbefriedigend ist. Oder sie lesen in der Zeit etwas anderes, was interessanter erscheint, und folgen damit nicht mehr dem Rhythmus und inhaltlichen Ablauf des Redners. Spätestens da stellt sich dann die Frage, wozu man dann überhaupt noch den Redner braucht … Das Publikum driftet in jedem Fall in unterschiedlichen Verhaltensweisen auseinander, verhält sich nicht mehr homogen. Damit verliert der Redner die Verbindung zu seinen Zuhörern, was aber eine der Grundvoraussetzungen für straffe Reden ist.

Auch wenn die Zuhörer versuchen, sich nur auf das Gesagte zu konzentrieren, wird ihr Gehirn die Augen immer wieder an die Wand mit dem Text führen und jedes Mal einen Lesereflex auslösen. Jedes Mal! Das gilt für alle Informationen an der Wand – egal ob Kapitelüberschriften, einzelne Wörter, ganze Sätze, Aufzählbullets, Zahlen, Hinweise auf den Speicherort der PowerPoint-Datei, die Seitenzahl der PowerPoint-Präsentation oder das Firmenlogo. Jedes Mal lesen die Zuhörer reflexartig mit. Jedes Mal scannen die Augen die Wand ab und nehmen wiederholt unbewusst die Informationen auf. Und jedes Mal scannen sie auch das Firmenlogo. Jedes Mal. Jedes Mal. Jedes Mal. Das frisst Energie. Und diese Energie fehlt den Zuhörern, um Ihrem Vortrag wirklich zu folgen.

Lesereflexe verhindern die Aufmerksamkeit

Probieren Sie es selbst aus: Folgen Sie einem Vortrag mit Power-Point-Folien und schließen Sie zwischendurch die Augen. So lenkt Sie nichts von den gesprochenen Worten ab. Sobald Sie die Augen öffnen, werden diese automatisch wieder auf die Projektion gelenkt – und Sie scannen den Text, die Bilder, die Symbole, obwohl Sie sie vorher schon x-mal gesehen hatten. Wetten?

> PowerPoint ist der Krückstock für jemanden, der lieber Turnschuhe anziehen sollte, um flotter gehen zu können.

Haben Sie schon mal ein kleines Kind beobachtet, das zum ersten Mal ohne Hilfe auf den eigenen Beinen auf Sie zugelaufen kommt? Es strahlt über das ganze Gesicht!

Laufen Sie frei

In einem Seminar mit ehrgeizigen Finanzberatern hatten wir bereits einen guten Tag Rhetoriktraining hinter uns. Am Nachmittag des zweiten Tages bat ich die Teilnehmer: „Nehmen Sie sich jetzt bitte ein PowerPoint-Chart aus Ihren üblichen Präsentationen und präsentieren Sie den Inhalt mit den neuen rhetorischen Mitteln, die Sie bisher gelernt haben!" Um den Unterschied zu zeigen, sollten die Teilnehmer das Chart erst so präsentieren wie sonst auch. Dabei

Beispiel

wanden sich die Teilnehmer regelrecht, rauschten schnell durch ihren Vortrag, sie fühlten sich sichtbar unwohl. In der neuen Variante ließen mehr als zwei Drittel der Teilnehmer ihr PowerPoint-Chart komplett weg. Sie zeigten stattdessen Anschauungsobjekte, agierten am Flipchart oder reduzierten komplexe Zahlenkolonnen auf wenige, anschauliche Beispiele. Die wenigen, die noch ein PowerPoint-Chart in der zweiten Version einsetzten, hatten es auf ein einziges Bild oder eine einzige Botschaft reduziert. Und selbst da merkten sie während ihres Vortrags, dass selbst das noch straffer gehen könnte. Wunderbar anzusehen war aber vor allem die Begeisterung der Teilnehmer, dass sie mit einfachen Mitteln viel spannender erzählen konnten. Es machte ihnen Spaß, die Aufmerksamkeit ihres Publikums wirklich zu gewinnen. Sie hatten für einen Moment den Krückstock PowerPoint losgelassen und liefen frei.

Bilder ja, aber einzeln

Natürlich dürfen Sie Bilder zeigen bei Ihrem Vortrag. Aber bitte nicht alle auf einmal. Pro PowerPoint-Chart empfiehlt sich nur ein einziges Bild – sonst nichts. Außerdem kommt es hier ganz entscheidend auf das Timing an: Zeigen Sie das Bild nicht zu früh. Erst in dem Moment, wo Sie das dazugehörige Wort aussprechen, sollte das Bild zu sehen sein.

Seite 107

„Jetzt wissen Sie, wie unsere Maschine funktioniert. Wenn unsere Maschine bei Ihnen aufgebaut wird, dann sieht sie im Ganzen so" – Klick, das Bild erscheint – *„aus. Sie ist kompakt, einfach aufzubauen und arbeitet extrem sauber."* Klick, der Bildschirm wird wieder schwarz. *„Um unsere Maschine zu installieren, gehen wir in drei Schritten vor ..."*

Grundsätzlich sollte nur dann ein Bild an der Wand auftauchen, wenn es auch wirklich in diesem Moment mit Ihrem Vortrag zu tun hat. Wenn Sie gerade kein Bild zur Anschauung brauchen, sollte ein schwarzer Bildschirm zu sehen sein. Damit können sich Ihre Zuhörer weiter auf Ihre Worte konzentrieren. *Sie sind der Redner – nichts sollte davon ablenken.*

Straffe Reden beachten die richtige Wirkungsfolge:
Erst überzeugt der Mensch. Dann erst die Inhalte.
Aber nie der Beamer!

Einen noch größeren Effekt erzielen Sie, wenn Sie nicht einfach nur Bilder an die Wand werfen, sondern sogar Gegenstände in die Hand nehmen. Damit wird es im wahrsten Sinne des Wortes begreifbar für Ihre Zuhörer.

Nehmen Sie es in die Hand!

Der Präsident einer großen Beraterfirma hielt einen Vortrag zum Thema „Wie mache ich einen Menschen berühmt?" – mit PowerPoint. Die ersten Charts zeigten größtenteils nur Bilder, doch dann folgte ein Chart, das ausschließlich aus Text bestand – viel Text. Mit einem entschuldigenden Grinsen sagte er auch noch: „Wenn ich diesen Vortrag in England halten würde, würde ich ja nur Bilder zeigen. Aber hier in Deutschland zeigen ja alle viel Text, das muss ja hier so sein, also mache ich das auch." Einige Tage später telefonierten wir, da wir geschäftlich miteinander zu tun hatten. Er fragte: „Du warst doch bei meinem Vortrag, vielleicht hast du ja noch einen Tipp für mich?" Ich lachte. „Den einen zumindest: Nur weil es alle so machen, heißt das noch lange nicht, dass es alle richtig machen. Vergiss das mit dem Text auf deinen Charts. Aber ich sage dir, an welcher Stelle du brilliert hast!" Denn das hatte er tatsächlich: Nach seinem Vortrag konnten die Zuhörer Fragen stellen. Eine davon lautete: „Wenn Sie einen Menschen berühmt machen, müssen Sie dafür nicht seine Persönlichkeit verändern?" Als Antwort nimmt der Präsident eine Kaffeetasse in die Hand und hält sie hoch. „Das ist eine schöne Kaffeetasse." Dann dreht er die Kaffeetasse. Jetzt zeigt der Henkel nach vorne. „Das ist auch eine schöne Kaffeetasse, aber sie sieht irgendwie anders aus. Dabei ist es immer noch dieselbe Kaffeetasse. Genauso ist es mit unseren Kunden, die wir berühmt machen sollen: Wir ändern nicht ihre Persönlichkeit, sondern drehen nur einen anderen, vielleicht weniger bekannten Aspekt ihrer Persönlichkeit ins Licht der Öffentlichkeit!" Die Zuhörer bestaunen die einfache Tasse in seiner Hand. Sie verstehen jetzt: So macht dieser Mann seinen Job.

Beispiel

Es war schon erstaunlich zu beobachten, wie eine solch simple Kaffeetasse eine derart starke Wirkung bei den Zuhörern auslöste.

Einfach wirkt!

Anschauungsobjekte ziehen die Augen der Zuhörer magisch an. Wie gesagt – das Gehirn liebt so etwas einfach. Mit Anschauungsobjekten lässt sich auch die Bildhaftigkeit unserer Sprache ausnutzen, wie das folgende Beispiel zeigt.

Beispiel

Meine Trainerkollegin Tanja Hartwig gen. Harbsmeier hatte am folgenden Tag einen Vortrag mit kleinen Workshopeinheiten zu halten. Sie suchte noch eine Möglichkeit, ihre Kernaussage auf ein Bild herunterzubrechen. Am liebsten wollte sie ihren Zuhörern im wahrsten Sinne des Wortes etwas an die Hand geben. Wir überlegten gemeinsam, eine Idee gab die andere. Schließlich hatten wir die Lösung. Am nächsten Tag hielt sie ihren Vortrag auf der Coaching Convention: Sie sprach über „Stolpersteine im Verkauf". Ihre Zuhörer sollten typische Stolpersteine im Verkauf suchen. Etwa wenn Kunden etwas zu teuer finden oder am Produkt nicht interessiert sind. Sie sollten Strategien gegen diese Stolpersteine entwickeln und fanden tatsächlich ihre eigenen Lösungen. Das hatte Tanja in ihren Workshops schon häufiger angeleitet. Doch jetzt hat sie ein neues Highlight: Sie verteilt am Ende ihres Vortrags kleine, runde, schwarze Steine, wie man sie in jedem Dekoladen findet. Dazu sagt sie: „Ich schenke Ihnen diese Stolpersteine, damit diese Sie daran erinnern, wie leicht Sie umdenken können: Sie haben es heute geschafft, aus großen Stolpersteinen kleine zu machen oder sie sogar ganz verschwinden zu lassen. Diese Steine sollen Ihnen auch in Zukunft den Mut zum Umdenken geben!"

Nicht nur zeigen, auch tun!

Die Wirkung im Bildergehirn wird noch erhöht, wenn die Anschauungsobjekte in Aktion gesetzt werden. Eine solche Demonstration hat einen hohen Erinnerungswert bei den Zuhörern.

Beispiel

Eine meiner Teilnehmerinnen demonstrierte die Effekte von Alzheimer anhand eines einfachen Flipcharts. Sie hatte ein paar Moderationskarten beschriftet und auf der Rückseite mit aufgerollten Kreppklebebändern präpariert. Während ihres Vortrags malt sie die Umrisse eines Gehirns auf den Flipchart. Sie sagt: „Im Laufe unseres Lebens sammelt unser Gehirn Erinnerungen." Sie klebt nach und nach Moderationskarten auf die Zeichnung. Zuerst eine Karte, die mit „frühe Kindheit" beschriftet ist. Dann eine mit „Grundschule".

Darauf eine nächste mit „erste Liebe". So geht es weiter bis zu den Erinnerungen eines alten Menschen, der von Ehepartner, Kindern und zuletzt Enkelkindern umgeben ist. Sie erklärt: „Wenn Alzheimer beginnt, dann verschwinden die jüngsten Erinnerungen zuerst." Sie nimmt die letzte Moderationskarte wieder weg, auf der „Enkelkinder" steht. Damit wird sofort klar, warum alte Menschen ihre Enkelkinder mit ihren eigenen Kindern verwechseln, zu denen die eigene letzte Erinnerung jetzt gehört. Und so entfernt sie eine Karte nach der anderen. Sie macht deutlich, wie der geistige Abbau in einem von Alzheimer betroffenen Patienten vonstatten geht. Die Zuhörer verstehen plötzlich, warum sich von Alzheimer betroffene Eltern nicht an ihre eigenen Kinder erinnern oder den Ehemann für den eigenen Vater halten. Ein Flipchart und ein paar Moderationskarten haben es ihnen im wahrsten Sinne vor Augen geführt.

Je komplexer ein Sachverhalt, je schwieriger die technischen Hintergründe, umso mehr Sinn ergibt es, die Dinge auf einfache Bilder herunterzubrechen. Das gilt im besonderen Maße dann, wenn Nichtfachleute von fachlichen Themen überzeugt werden sollen. Dann hat es wenig Sinn, die Zuhörer mit unzähligen Daten, Fakten oder spezifischem Fachwissen zu überfordern.

Einfach ist einfach besser

Als die Frauenkirche in Dresden in der ersten Hälfte des 18. Jahrhunderts gebaut wurde, gab es Streit um die Ausführung der großen Kuppel. Baumeister George Bähr wollte eine Steinkuppel durchsetzen. Doch die Entscheider der Stadt hatten Sorge, dass das Gewicht des Materials die Kuppel regelrecht sprengen könnte. Sie verlangten eine Holzkuppel. Schließlich wurde ein unabhängiger dritter Fachmann in den Streit eingebunden. Dieser überzeugt die Stadt mit einem einfachen Bild: Er nimmt einen Zuckerwürfel, drückt mit dem Daumen darauf. Der Würfel zerbröselt. Dann nimmt er einen weiteren Zuckerwürfel und ein schmales Metallband. Aus diesem formt er eine Manschette, die er fest um den Würfel herum anlegt. Wieder drückt er mit dem Daumen auf den Zuckerwürfel – jetzt behält dieser seine Form. Und so erhielt auch die Frauenkirche ihre große Kuppel aus Stein – ergänzt durch Metallmanschetten, die das Gebäude in Form halten. Man muss kein Statiker sein, um zu verstehen, warum die geplante Vorgehensweise

Beispiel

sinnvoll ist: Das Bild mit dem Zuckerwürfel ist so einfach nachzu-
vollziehen, dass damit auch die komplexen statischen Vorgänge
beim Bau eines großen Gebäudes verständlich werden. Mehr
brauchten die Entscheider in diesem Falle auch nicht zu wissen.

Reden straffen heißt: Stellen Sie die Dinge einfach dar.
Nutzen Sie dazu Bilder und Vergleiche aus der Alltagswelt.

Kombinieren Sie! Das folgende Beispiel zeigt, wie sich Anschauungsbeispiele, De-
monstrationen und Interaktion mit dem Publikum sowie der richtige Einsatz von PowerPoint miteinander verbinden lassen.

Beispiel *Mir winkte ein Auftrag für ein Rhetoriktraining bei einem Maschi-*
nenhersteller. Um diesen zu erhalten, sollte ich meine Methoden
vor einem Gremium aus Entscheidern vorstellen. Ich hatte mir eine
PowerPoint-Präsentation zuschicken lassen und einen Part daraus
ausgewählt. Es ging um ein spezielles Verfahren, bei dem kohlen-
säurehaltige Getränke in Plastikflaschen abgefüllt wurden. Der be-
sondere Clou der Maschine war, dass kein Rohr oder sonstige
Fremdkörper in die Flasche eingeführt wurden. Ich präsentierte
den Part der Präsentation zunächst so, wie die PowerPoint-Charts
es hergaben und es sicherlich auch die Mitarbeiter bei ihren eige-
nen Kunden sonst taten. Dazu folgte ein PowerPoint-Chart nach
dem anderen. Darauf war schematisch der Abfüllvorgang gezeigt,
darüber das Firmenlogo, noch ein weiteres optisches Element des
Corporate Designs, auf der linken Seite mehrere Zeilen mit Stich-
worten in Englisch ... Dann zeigte ich meine eigene Version. Ich
schalte den Laptop auf Blackscreen, nehme zwei Gläser und öffne
eine frische Flasche Wasser. Ich gieße das Wasser in beide Gläser,
nehme das erste, lege den Daumen dabei flach auf den Rand. Ich
reiche es so einer Person in der ersten Reihe. „Würden Sie das jetzt
trinken?" Die Reaktion ist indifferent. Dann nehme ich das andere
Glas, senke meinen Finger tief in das Wasser hinein. Ich fragte wie-
der: „Würden Sie das jetzt trinken?" Der Angesprochene verzieht
das Gesicht, er schüttelt den Kopf. Ich sage: „Wenn Sie beim zwei-
ten Glas stärker gezögert haben als beim ersten, dann haben Sie
das Prinzip unserer Abfüllmaschine schon verstanden." Ich nehme

eine leere Plastikflasche in die Hand. „In diese Flasche soll Ihr Produkt. Aber diese Flasche hat drei Probleme: Das erste Problem ist, sie ist nicht stabil!" Dabei drücke ich die Flasche in der Mitte etwas zusammen. Es gibt ein knackendes Geräusch. „Zweitens hat sie einen empfindlichen Rand" – ich zeige auf das Ende des Flaschenhalses – „und das dritte Problem: Sie hat oben ein Loch! Durch dieses Loch könnte etwas anderes hineingeraten als Ihr Produkt. Wir haben ein System entwickelt, damit das nicht passiert – vor allem nicht beim Abfüllen Ihres Produktes." Dann halte ich die Flasche am Hals fest und zeige, wie das System in die Maschine eingeführt wird, sich der Dämmring auf die Flasche legt – in diesem Fall mein flach aufgelegter Daumen. Ich erkläre weiter den Abfüllvorgang. Die Zuhörer starren auf die Flasche. Obwohl sie ihre eigenen Maschinen und deren Funktionsweisen ja kennen, können sie sich dem Bann dieser Demonstration nicht entziehen. Es ist für sie im wahrsten Sinne zum Greifen nahe. Zum Schluss sage ich: „Und so sieht unsere Maschine aus!" Zeitgleich drücke ich auf eine Laptoptaste. Auf der Leinwand erscheint das Bild der gesamten Maschine – und zwar nur die Maschine, ohne Überschrift, Firmenlogo oder sonstige ablenkende optische Elemente. Mit dieser Demonstration hatte ich gezeigt, was ich in meinen Trainings vermittle. Den Auftrag habe ich übrigens bekommen.

Die höchstmögliche Wirkung erzielen Sie bei Ihren Zuhörern, wenn Sie diese im wahrsten Sinne des Wortes in Bewegung setzen. Damit entstehen nicht nur Bilder in den Köpfen, damit wird aus Bildern eine Handlung. Die Botschaften und Informationen in Ihrer Rede werden nicht nur einfach verstanden, sie werden sogar besser behalten. Außerdem erzielen Sie einen weiteren Effekt damit: Sie bringen Ihre Zuhörer dazu, alle zusammen das Gleiche zu tun. Das stärkt Ihre Position als Redner in den Augen Ihrer Zuhörer und eint diese. Schon einfache Aufforderungen wie „Bitte stehen Sie alle mal auf!" oder „Machen Sie bitte alle eine Faust!" führen zu einem kollektiv gleichen Verhalten, das Sie als Redner verstärkt in den Mittelpunkt stellt – also dorthin, wo Sie auch hingehören!

Bewegen Sie
Ihre Zuhörer!

Beispiel

„Bitte verschränken Sie jetzt einmal die Finger ineinander." – Der Redner macht es vor – *„Schauen Sie hin: Welcher Daumen liegt jetzt oben, der rechte oder der linke? Jetzt öffnen Sie die Finger leicht und verschieben diese so, dass der andere Daumen beim Verschränken oben liegt. Und – wie fühlt sich das an? Ungewohnt, nicht wahr? Jetzt machen wir das mit den Armen: Bitte verschränken Sie Ihre Arme vor der Brust."* – Der Redner macht es wieder vor – *„Von welcher Hand können Sie nun die Fingerspitzen sehen? Verschränken Sie die Arme noch einmal neu, und zwar so, dass Sie von der anderen Hand die Fingerspitzen sehen können."* – Pause – *„Auch ungewohnt, nicht wahr? Und so ist es im ganzen Leben: Immer wieder tun wir Dinge auf die gleiche Art und Weise, ohne es zu hinterfragen. Die Regel lautet: Das haben wir immer so getan, das werden wir auch weiterhin so tun. Aus reiner Gewohnheit. Mein Appell an Sie lautet: Machen Sie es ab sofort anders! Durchbrechen Sie die Routine. Denn wenn Sie immer das tun, was Sie immer getan haben, werden Sie immer das erreichen, was Sie immer erreicht haben."*

Der Effekt ist ebenso einfach wie wirkungsvoll: Die Zuschauer verbinden eine Handlung mit dem, was sie gehört haben. Das bleibt hängen. Ein weiteres Beispiel, wie Sie Ihr Publikum in Aktion setzen können, findet sich zu Beginn dieses Buches: Die Zuhörer sollen aufstehen und eine Anweisung des Redners befolgen. In diesem Fall Seite 30 sollen sie ihren Arm senkrecht ausstrecken, während der Redner seinen eigenen Arm waagerecht ausstreckt. Der Erinnerungseffekt ist enorm: Kaum ein Zuhörer wird vergessen, wie stark sein eigenes Gehirn auf Bilder reagiert und wie lange es braucht, um gesprochenen Text zu verstehen – denn sie haben es am eigenen Leib erfahren.

> **Straffe Reden setzen Ihre Zuhörer in Bewegung – daran werden sich diese noch lange Zeit erinnern.**

Viele solcher Aktionen lassen sich mit Ihrem Redethema verbinden. Nutzen Sie dafür den Stegreiftrick.

Seite 88

Die schönsten Formulierungen
sind üblicherweise auch die einfachsten.
Adam Smith

Sprechen Sie einfach.
Immer.

„*Mein Publikum erwartet selbstverständlich, dass ich mich angemessen ausdrücke.*"

Machen Sie sich verständlich!

Der Zuhörer erwartet, dass er Sie versteht! Je mehr Sie die Sprache Ihrer Zuhörer sprechen, umso schneller öffnen Sie deren Herzen. Dabei hat ja der Blick ins Gehirn schon gezeigt, dass Sprache immer erst in verständliche Bilder übersetzt werden muss.

Seite 29

Straffe Reden klingen so, als wären Sie in einem lockeren Gespräch mit einem Freund – und zufälligerweise hören 100 weitere Menschen zu.

Das funktioniert natürlich nicht mit einer Rede, die Sie fertig ausformuliert haben. Ausformulierte, aufgeschriebene Reden sehen auf dem Papier gut aus, aber gesprochen wirken sie steif. Nicht selten sind sie voller Schachtelsätze und reihen Fachbegriffe aneinander.

Seite 52

„*Unser Forschungsteam hat anhand zahlreicher, wöchentlich durchgeführter und genau überwachter Testreihen festgestellt, dass die Ergebnisse durchaus unseren auch von anderen Fachleuten prophezeiten Erwartungen entsprachen.*"

Frei gesprochen bekommt diese Redepassage einen ganz anderen Charakter:

„Wir haben alles getestet, mehrere Wochen lang. Das Ganze wurde genau überwacht. Und die Ergebnisse: wie erwartet! So hatten es uns auch andere Fachleute prophezeit. "

Reden Sie – wie immer!

Meine Mutmach-These lautet: Jeder Mensch kann öffentlich und vor Publikum reden. Denn wir alle schaffen es ja auch, uns mit anderen Menschen zu unterhalten. Denken Sie dabei an Satzbau? Denken Sie dabei an Wirkung? Denken Sie dabei an Vollständigkeit? Denken Sie dabei an eine Gliederung? Sie erzählen die Dinge frei, ohne Textvorlage, einfach aus dem Kopf heraus, in dem die vielen Geschichten Ihres Lebens stecken. Vor Publikum gelten die exakt gleichen Gesetze. Wer von seinen eigenen Erlebnissen, Erfahrungen, Geschichten berichtet, hat den Text im Kopf. Nein, nicht den Text, sondern die Bilder dazu! Und diese Bilder verwandeln sich spontan in gesprochenen Text.

Beispiel

Die Grenzen zwischen gesprochener Sprache und reiner Schriftsprache werden immer fließender. Früher war das Schreiben von Briefen noch von einer eigenen, fein säuberlich formulierten Sprache und zahlreichen Standards geprägt. Jetzt stellen Sie sich vor, Sie schreiben einem Geschäftspartner eine E-Mail: Die erste fängt noch mit „Sehr geehrter Herr Schmitz …" an. Dieser sitzt zeitgleich auch an seinem Arbeitsplatz und reagiert sofort, so gehen Ihre E-Mails ein paar Mal hin und her. Schreiben Sie dann in jeder Ihrer Mails „Sehr geehrter Herr Schmitz …" in Ihre Anrede? Vielmehr wird Ihre Korrespondenz wie ein Gespräch ablaufen, bei dem man sich auch nicht jedes Mal mit vollem Namen anspricht. Durch E-Mails, Chatrooms und sonstige Kurznachrichtenforen wie Twitter wird immer mehr so geschrieben wie auch gesprochen wird. Nicht unsere Sprache ändert sich, sondern unsere Schreibe.[8] Straffe Reden orientieren sich an der gesprochenen Sprache, die eben immer mehr auch Einzug in die Schriftsprache findet.

Umgekehrt gilt das auch für das Halten von Reden. Eine Rede, die sich gut liest, hört sich gesprochen viel zu steif und unbeweglich an. Frei gesprochener Text ist zum Teil weit entfernt von Grammatikregeln, Satzbau und sonstigen sprachlichen Gesetzen. Schreiben ist nicht gleich sprechen

Stellen Sie sich vor, Sie hätten einen Unfall gehabt. Einen Tag später telefonieren sie mit einer guten Freundin. Ihnen sitzt immer noch der Schreck in den Gliedern. Wie würde Ihr Bericht nun klingen?

„Am gestrigen frühen Abend wurde mein Fahrzeug durch die Unachtsamkeit eines anderen Verkehrsteilnehmers in Mitleidenschaft gezogen. Ich befand mich mit meinem Kraftfahrzeug auf der Hauptstraße und eindeutig im Vorfahrtsrecht. Der andere Verkehrsteilnehmer kam von links, missachtete die Vorfahrtsregeln, die dort unübersehbar ausgewiesen sind, und kollidierte mit seinem rechten Kotflügel an meinem Fahrzeug. Ich konnte nur durch eine Vollbremsung schlimmeren Schaden verhindern. Anschließend kam es zwischen dem anderen Verkehrsteilnehmer und mir zu einem intensiven Wortgefecht, dem ich nur noch Einhalt gebieten konnte, indem ich die Polizei alarmierte. Diese kam zehn Minuten später an den Unfallort, nahm das Geschehen zu Protokoll und stellte die Schuldfrage klar."

Dieser Bericht ist sachlich absolut korrekt. Aber so würden Sie es niemals Ihrer Freundin berichten. Wahrscheinlicher wäre sicherlich diese Variante:

„Ich bin auf der Hauptstraße unterwegs – du weißt schon, da wo der Schlecker ist. Ich denk noch, ‚hier war doch letzte Woche der Unfall' – da plötzlich von links so ein roter Lieferwagen. Und ich so: ‚Hält der jetzt oder was?' Der guckt gar nicht, fährt einfach weiter – und ich: voll in die Eisen! Peng, schon hängt der vorne bei mir auf der Stoßstange. Eine Sekunde später und der wäre mir voll in die Seite

gefahren! Ich war echt stinksauer. Wieso hatte der nicht richtig hin-
gesehen? Der Typ klettert aus seinem Wagen und schimpft gleich auf
mich ein. „Nee, nee“, sag ich, „Sie haben mir doch die Vorfahrt ge-
nommen!“ Das ging so hin und her, und dann habe ich die Polizei
gerufen. Nützte ja nix, der war ja völlig uneinsichtig. Na ja, jetzt se-
hen wir uns vor Gericht wieder. Meine Stoßstange ist auf jeden Fall
im Eimer ... Echt ärgerlich! Ich bin immer noch ganz zittrig ...“

Das liest sich schlechter, als es sich spricht. Da Sie Text so nicht
schreiben, aber sicherlich so oder ähnlich frei sprechen würden,
zeigt sich: Wer natürlich wirken möchte, sollte keine ganzen Sätze
aufschreiben. Denn Sie würden niemals so schreiben, wie Sie sprechen. Und niemand spricht so, wie er schreibt.

**Reden straffen heißt: Erlauben Sie sich, frei zu sprechen –
frei von den Regeln der Schriftsprache!**

Seite 78

Die Art und Weise, wie Sie Ihrer Freundin von dem Unfall berichten würden, entspricht übrigens einem rhetorischen Trick: Selbster-
lebtes, verbunden mit Emotionen, wird fast immer als Kopfkino erzählt. Damit holen Sie Ihre Zuhörer ganz nah an das Erlebte heran.

**Schwierige Wörter
bremsen aus**

Wer seine Rede mit schwierigen und abstrakten Begriffen bestückt,
hat auf die Gehirne seiner Zuhörer eine ausbremsende Wirkung.
Das ist genauso, als würden Sie Sägespäne auf das Glatteis streuen,
auf dem Schlittschuhfahrer unterwegs sind. Stürze sind vorpro-
grammiert. Je abstrakter die Begriffe in Ihrer Rede sind, umso
häufiger bleiben die Zuhörergehirne „hängen“.

„Ich muss besondere Fachbegriffe verwenden,
damit mein Publikum auch wahrnimmt, dass
ich kompetent bin.“

Die Wahrheit ist: Selbst „Fachmenschen“
haben ein ganz normales Gehirn, das zuerst
alle Wörter „verbildlicht“, um sie zu verste-
hen. Sie verarbeiten ihnen bekannte komplexe Begriffe vielleicht

schneller als Nichtfachleute, aber dieser Übersetzungsvorgang bleibt nicht aus.[9]

Seite 29

In einem Seminar saßen Expertinnen, die das Thema „Milch" in die Grundschulen bringen sollten. Eine Teilnehmerin fragte, wie sie sich den Schülern gegenüber vorstellen sollte. „Wie machen Sie es denn bis jetzt?", frage ich. Sie zuckt mit den Schultern. „Na ja, ich sage dann: Hallo, mein Name ist Paula Schmitz, ich bin Agrarbetriebswirtin …" Ich unterbreche sie: „Wie fängt Ihr Tag an?" Sie erzählt: „Ich habe einen Milchviehbetrieb und gehe morgens als erstes in den Stall." „Und genauso erzählen Sie das auch", fordere ich sie auf. Jetzt klingt ihre Vorstellung so: „Hallo, mein Name ist Paula Schmitz, und das erste, was ich morgens mache: Ich schaue achtzig Milchkühen in die Augen." Das ist ein Bild, das jedes Kind verstehen kann.

Bildhaft und einfach zu sprechen ist auch gegenüber Erwachsenen die bessere Lösung. Wenn Sie schwierige Sachverhalte zu erklären haben, sind die einfacheren Worte immer die besseren. Alles, was „Übersetzungsenergie" im Gehirn verbraucht, macht es den Zuhörern schwieriger, Ihrem Vortrag zu folgen. Je schwieriger es für den Zuhörer wird, Ihnen zu folgen, umso schneller lässt sich das Gehirn von anderen Gedanken und Eindrücken ablenken.

Machen Sie es einfach

Seite 33

In straffen Reden werden Fachbegriffe in bildhafte, leicht verständliche Begriffe umgewandelt.

Selbstverständlich können Sie Fachbegriffe verwenden, aber Sie sollten ergänzend dazu immer wieder ein anschauliches Bild oder eine einfachere Umschreibung danebenstellen. Das erleichtert das schnellere Verstehen bei den Zuhörern – und zwar völlig unabhängig davon, wie sich Ihre Zielgruppe zusammensetzt.

- *„Wir hatten ein Karzinom zu behandeln, ein Krebsgeschwür."*
- *„Viele unserer Pflegepatienten leiden am Downsyndrom, auch Trisomie 21 genannt. Die Betroffenen haben diese mon-*

goloiden Gesichtszüge, das haben Sie sicher schon einmal gesehen …"

- „Also fragten wir einen Petrographen, einen Kenner der Gesteins-
kunde. Dieser wusste sofort …"
- „Ich reichte ein Treatment ein, das ist sozusagen die Vorstufe eines
fertigen Drehbuchs …"

Auch dieser Tipp zeigt wieder deutlich, dass das Straffen von Reden nicht unbedingt gleichbedeutend mit Kürzen ist. Im Gegenteil
bedarf es manchmal einiger Worte mehr, um Begriffe und Sachverhalte leichter verständlich zu machen. Doch alles, was zu einem
leichteren Verständnis beiträgt, lässt die Zuhörer die Rede als
straffer empfinden: Es ist einfach weniger anstrengend zuzuhören,
es fällt leichter, „dranzubleiben".

Weg mit den Turmbauten!

Kurz, aber weise Je länger ein Satz ist, umso weniger Zuhörer können folgen. Achten Sie mal darauf: Die meisten Weisheiten und Aphorismen be-
stehen aus kurzen Sätzen – und dennoch beinhalten sie alles, um
Menschen von ihrer Weisheit zu überzeugen. Oder wie der Erfin-
der von Don Quijote, der spanische Schriftsteller Miguel de Cer-
vantes, es einst formulierte: „Ein Sprichwort ist ein kurzer Satz,
der sich auf lange Erfahrung gründet." Daher wirkt auch eine Rede
nicht unbedingt schlauer, nur weil die Sätze lang sind.

Viele Redner aber bauen ganze Türme aus Schachtelsätzen. Während des Sprechens fallen ihnen noch wichtige Einzelheiten oder
Ergänzungen ein – und alles landet dann plötzlich in einem einzigen Satz:

„Es ist mir eine große, um nicht zu sagen, sehr
große Freude, die Kolleginnen und Kollegen,
denen ich sehr viel zu verdanken habe und de-
ren Kollegialität ich sehr schätze, in diesem
kleinen, aber erlesenen Kreis in aller Form und

wissentlich, dass ich das mit Worten gar nicht angemessen ausdrücken kann, um alle meine positiven Gedanken zu vermitteln, hier und jetzt zu begrüßen und willkommen zu heißen."

Da muss ein Redner schon ordentlich Luft holen und einen sehr klaren Kopf haben, um einen solchen Satz frei zu sprechen und am Ende noch das abschließende Verb in der richtigen Form anzuhängen. Nicht selten sind solche Bandwurmsätze dem Untergang geweiht und enden gar nicht oder wenigstens falsch. Dabei klingt es nicht weniger intelligent, wenn aus diesem einen Satz mehrere gebildet werden:

„Ich habe Ihnen viel zu verdanken. Ich schätze Ihre Kollegialität, liebe Kolleginnen und Kollegen. In diesem kleinen, erlesenen Kreis kann ich kaum die angemessenen Worte finden. Es gibt so viel Positives zu sagen. Es ist mir schlicht eine große Freude zu sagen: Herzlich willkommen!"

Bei kürzeren Sätzen hat der Redner bessere Chancen, nicht den Faden zu verlieren. Schachtelsätze haben zudem nicht selten den Nebeneffekt, dass sich der Redner in Floskeln verliert. Das obige zweite Beispiel ist allerdings selbst in kurzen Sätzen noch voll davon. Hier bietet es sich wieder an, ein konkretes Beispiel für eine dieser pauschalen Aussagen zu machen:

Kurz und konkret

„Dass ich hier stehe, habe ich Ihnen zu verdanken. Vor vier Jahren haben Sie mir alle Mut gemacht. Sie waren damals überzeugt, dass ich es schaffen werde. Ich war davon nicht überzeugt. Aber ich habe es geschafft. Mit großer Freude sage ich daher: Herzlich willkommen!"

Kurze Sätze haben den Vorteil,

- dass der Redner Pausen zwischen seinen Sätzen machen kann, die ihm selbst Zeit zum Atemholen und Denken geben,
- dass von den kurzen Pausen zwischen den Sätzen auch die Zuhörergehirne profitieren, deren Konzentration nicht überfordert wird,

siehe unten

- dass der Redner vielleicht noch eher auf Floskeln verzichtet,
- dass der Redner leichter die Girlandenbetonung vermeidet.

> Reden straffen heißt, in kurzen Sätzen zu sprechen. Nicht immer. Aber so oft es geht.

Kennen Sie Twitter? Diese Internetplattform ermöglicht es den Nutzern, kleine Botschaften mit maximal 140 Zeichen in das weltweite Netz zu stellen – egal, ob vom Computer oder vom Handy aus. Wer an der Schachtelsatz-Krankheit leidet, sollte sich bei Twitter anmelden und immer mal wieder ein paar Schlauheiten in die Welt twittern: Hier sind Schachtelsätze einfach viel zu lang. Hier werden kurze, knackige Sätze gebraucht. Es gibt sogar Twitterer, die in 140 Zeichen ganze Geschichten erzählen – einschließlich Pointe. Twitter ist daher eine tolle Zwischendurchübung für angehende straffe Redner.

Weg mit den Girlanden!

Es ist weit verbreitet und lässt sich offenbar nur schwer ausrotten. Jeden Tag begegnet es den Zuhörern, unbewusst nervt es diese – und doch machen Redner es regelmäßig. In meinen Rhetorikseminaren begegne ich diesem Phänomen immer wieder. Es ist interessant zu beobachten, wie hartnäckig es sich hält, selbst wenn ich meine Teilnehmer mit der Nase darauf stoße. Und bei Schachtelsätzen ist es gewissermaßen unvermeidbar. Dieses Phänomen ist die „Girlandenbetonung". Wenn jemand seine Sätze mit der Girlandenbetonung spricht, klingt das so, als ob es keine Punkte in der Zeichensetzung gäbe: Die Stimme bleibt immer oben. Sprechen Sie den nächsten Satz laut mit – und lassen Sie bei den unterstrichenen Stellen die Stimme oben:

„Mein Name ist Claudia … Ich bin 22 Jahre alt … Ich gehe gerne joggen … Abends lese ich gerne …"

Und – wie klingt das? Das leiert ganz schön, nicht wahr? Jetzt sprechen Sie den gleichen Satz, indem Sie an den unterstrichenen Stellen mit der Stimme heruntergehen – denn da ist ein Punkt! Sprechen Sie den in Gedanken mit, das macht ihre Aussagen gewichtiger und es hört auf zu leiern. Vor allem aber: Wenn am Ende Ihrer Aussage die Stimme noch oben ist, folgt dann gerne das berüchtigte „und, äh …"! Wenn Sie aber am Ende Ihrer Sätze mit der Stimme nach unten gehen, bleibt nichts in der Luft hängen. Ihren Zuhörern und auch Ihrem eigenen Gehirn gönnen Sie obendrein eine Pause.

Machen Sie mal nen Punkt!

Straffe Reden haben Punkte. Und ein Punkt ist ein Punkt. Da ist die Stimme unten. Punkt!

Ich bin mir sicher: Ein Redner mit einem solchen leiernden Tonfall ist von seiner eigenen Rede nicht wirklich überzeugt. Er leiert es eben einfach so herunter, als interessiere es ihn selbst nicht. Wer aber von dem, was er erzählt, überzeugt ist, leiert schon ganz automatisch nicht. Da kommen plötzlich Betonungen, andere Stimmlagen und Pausen wie von selbst.

Wenn Sie einem Freund am Telefon von Ihrer letzten Reise oder dem ersten Date mit Ihrer Internetbekanntschaft berichten, wird Ihre Stimme niemals leiern. Dafür bewegt Sie das Thema viel zu sehr. Und so klingen Sie dann auch!

Leiern überzeugt nicht

Seite 48

Redner, die leiern, sind offenbar von ihrem eigenen Thema nicht überzeugt. Redner dagegen, die von ihrem eigenen Thema begeistert sind, sprechen automatisch mit den richtigen Betonungen. Beobachten Sie Menschen, die im lockeren Gespräch über ihr Hobby, ihre Kinder oder sonstige geliebte Dinge erzählen. Die Worte sprudeln förmlich hervor, die Begeisterung ist spürbar echt und nicht gespielt. Und da leiert auch nichts!

Ihre Stimme
verrät Sie

Seite 119

Das Thema, über das Sie reden, interessiert Sie nicht? Sie müssten schon ein guter Schauspieler sein, um das zu überspielen. Und dann sind Sie nicht mehr authentisch, was einen straffen Redner aber ausmacht.

Fragen Sie sich selbst: Welcher Teilaspekt Ihres Redethemas fasziniert Sie? Was berührt Sie wirklich? Sind das nur ein oder zwei Aspekte Ihrer gesamten Rede? Dann lassen Sie gleich alle anderen Aspekte weg. Konzentrieren Sie sich auf das, bei dem Sie in Rage oder in Begeisterung geraten. Das wird Ihre Rede spürbar straffen und Ihre Zuhörer in den Bann ziehen.

Nehmen Sie sich Zeit

Straff heißt nicht
schnell

Reden straffen heißt nicht, schneller zu reden: Straff heißt wirkungsvoll! Schnell hat keine Wirkung, außer derjenigen, dass der Zuhörer nicht mitkommt. Je atemloser ein Redner spricht, desto schneller steigen die Zuhörer aus. Hektische Redner übertragen ihre Nervosität auf die Zuhörer. Auch das ist wenig hilfreich, um Wirkung zu erzeugen.

Gerade, wenn Sie vor Publikum nervös sind, sollten Sie sich viel Zeit nehmen. Atmen Sie tief durch, suchen Sie schweigend den Blickkontakt mit Ihren Zuhörern, bringen Sie Ruhe in Ihre Sätze.

Seite 52 In Ihre kurzen Sätze.

> Straffe Reden lassen sich Zeit. Pausen geben den Zuhörern die Zeit, das Gesagte sacken zu lassen.

In zahlreichen Redebeispielen dieses Buches finden Sie den Hinweis „Pause": Das ist eine Regieanweisung für Sie! An dramaturgischen Stellen wie beispielsweise nach Denkfragen, Hand-hoch-Abfragen oder nach dem Einblenden von Bildern sollten Sie Pausen als bewusstes Stilelement einsetzen.

Seite 83
Seite 96
Seite 29

Beobachten Sie zukünftig gute Comedians genauer: Diese nutzen die Kraft der Pause, um die Wirkung ihrer Witze zu erhöhen. Manchmal ist überhaupt erst die vielsagende Pause nach einer ironischen Bemerkung der Grund dafür, dass die Zuhörer lachen. Das Gesagte fällt in den Köpfen sozusagen nur allmählich auf fruchtbaren Boden – damit setzt die Wirkung ein.

Pausen lassen Wirkung zu

Spricht ein Redner dagegen ohne Punkt und Komma, kommt der Zuhörer irgendwann einfach nicht mehr mit. Zuhörergehirne brauchen Pausen, denn Sprache ist ein komplexes System und frisst viel Energie.

Straffe Reden sind alles andere als Energiefresser: Sie gehen schonend mit den Ressourcen ihrer Zuhörer um.

Rein und raus –
aber richtig

Ein großer Hemmschuh beim Vorbereiten einer Rede ist bei vielen Menschen die Frage: Wie fange ich an, wie höre ich auf? Da ist die Gefahr wieder groß, dass Redner zu Beginn und am Ende einer Rede in Floskeln verfallen. Das Ergebnis ist: Die Zuhörer hören nicht richtig zu, und der Redner hat auch keinen Spaß daran. Ursache ist sicherlich die Unsicherheit, die viele Redner vor Publikum befällt: Es ist eben einfacher, in gewohnte Floskeln zu verfallen.

Alles außer
Floskeln

„„Sehr geehrte Damen und Herren, ich freue mich, dass ich hier und heute vor Ihnen reden kann …". Das kenne ich als Redner, daran kann ich mich festhalten. Und ich gewinne Zeit, um meine Gedanken für den nächsten Redeabschnitt zu sammeln. Außerdem kann ich mich an mein Publikum gewöhnen."

Das klingt alles so plausibel, dass es kein Wunder ist, dass Redeein- und -ausstiege stets annähernd gleich klingen. Doch diese Floskeln haben selten zur Folge, dass sich die Zuhörer an den Redner gewöhnen! Im Gegenteil, sie haken innerlich ab: „Wieder so ein Langweiler …" oder „Jetzt fang schon endlich an!" Dabei sind gerade die Ein- und Ausstiege einer Rede die besten Stellen, um beim Publikum in guter Erinnerung zu bleiben.

Bleiben Sie
in Erinnerung

Straffe Reden setzen gleich am Anfang und gerne am Ende im wahrsten Sinne des Wortes *merk*-würdige Signale.

Ein wunderbares Beispiel für einen gelungenen Redeein- und -ausstieg erzählte mir meine Trainerkollegin Astrid Braun-Höller. Sie war Zeugin eines Vortrags von Friedemann Schulz von Thun. Mittlerweile zwar in Pension, ist er doch immer noch einer der Experten für Sprache und Kommunikation. Neben vielen anderen Ansätzen hat er das Vier-Ohren-Modell entwickelt, das die verschiedenen Filter in der Kommunikation verbildlicht. Seinen Vortrag beginnt er besonders launig mit den Worten: „Im Zusammenhang mit meinem Namen begegnen mir immer zwei Fragen: Ist das derjenige mit den vier Ohren? Die andere Frage lautet: Lebt der immer noch?" Mit diesen Worten hat Schulz von Thun von der ersten Sekunde an die volle Aufmerksamkeit seines Publikums gewonnen. Auch den Schluss seines Vortrags vollzieht er auf besondere Weise. Er wird gefragt: „Kann man Sie jetzt auch nach Ihrem Ruhestand buchen?" Er antwortet: „Ach, dazu habe ich doch auch noch eine Folie!" Er legt die Folie auf den Overheadprojektor. Darauf stehen handgeschrieben seine Kontaktdaten. Damit hat er auch zum Schluss die Lacher auf seiner Seite.

Lachen ist erlaubt | Ein flotter Einstieg und eine launige Schlussbemerkung bewirken, dass Ihnen die Zuhörer gleich zu Beginn wohlgesinnt sind und Sie am Ende gut in Erinnerung behalten.

„Ich habe ein ernstes Thema, da kann ich mich nicht mit irgendwelchen Späßchen lächerlich machen!"

Manchmal gibt es das Thema, manchmal aber auch der Redner nicht her, eine Rede mit einem Augenzwinkern zu beginnen oder zu beenden. Oder doch? Gerade die vermeintliche Ernsthaftigkeit vieler Themen schreit förmlich danach, den Zugang für die Zuhörer durch ein bisschen Humor zu erleichtern. Humor entspannt die Nerven. Natürlich immer vorausgesetzt, dass der Redner seinen Humor authentisch präsentiert, sonst wirkt es gekünstelt und gewollt. Da lacht dann keiner mit.

Fangen Sie an – direkt!

Viele Reden gleichen in ihrem Ablauf dem klassischen Aufbau eines Sachbuches: Es fängt meist mit einem Vorwort an –, vielleicht sogar von jemand anderem verfasst. Dann folgt oft die Vorstellung oder auch die Motivation des Autors („Ich habe dieses Buch geschrieben, weil …"). Schließlich folgt das erste einleitende Kapitel, das meist zunächst auf die Geschichte des Themas eingeht … („Wir blicken zu Beginn zurück auf die letzten 1.000 Jahre Rhetorik …"). Zum Glück ist wenigstens die Danksagung hinten!

Der Vorteil beim Sachbuch ist: Sie können vorblättern, Kapitel überspringen, sich per Stichwortverzeichnis orientieren oder eben einfach das Buch zur Seite legen. Als Zuhörer dürften Sie Schwierigkeiten haben, in einer Rede vorzublättern. Da geht es los mit langatmigen Begrüßungen, am besten noch von jedem einzelnen Prominenten im Saal. Dann stellt sich der Redner persönlich vor („Ich darf mich Ihnen kurz vorstellen, mein Name ist …"), womöglich noch anhand einer chronologischen Übersicht über den Lebenslauf („1989 machte ich Abitur, dann habe ich sechs Jahre in Köln studiert, und zwar …"). Und schließlich gibt es noch eine Übersicht über den jetzt hoffentlich endlich startenden Vortrag („Ich zeige Ihnen mal kurz, worüber ich heute sprechen werde …"). Ich weiß nicht, wie es Ihnen dabei geht, aber ich suche dann immer die Fernbedienung, mit der ich schnellen Vorlauf einstellen kann.

Zuhörer suchen den schnellen Vorlauf

Seite 111

„Meine sehr geehrten Damen und Herren, ich begrüße Sie herzlich zu meinem Vortrag zum Thema Klimawandel und seine Folgen. Ich freue mich, dass Sie so zahlreich erschienen sind. Ich bedanke mich zunächst sehr herzlich für die Einladung Ihres Vereins, namentlich bei

Herrn Dr. Bohlbecker. Besonders freue ich mich, dass mein Kollege Dieter Kran anwesend ist, ebenso herzlich begrüße ich auch Frau Dr. Martini, Dr. Josef Kalten und Frau Prof. Dr. Johannes. Mein Name ist Prof. Dr. Kurt Rechtling, ich bin 54 Jahre alt, verheiratet, habe zwei Söhne und bin Institutsleiter der Meteorologie an der Universität zu Nürnberg. Sicherlich hat Ihnen das Wetter der letzten Monate bei der Entscheidung geholfen, zu meinem Vortrag zu kommen. Ich werde Ihnen in den nächsten dreißig Minuten die Einzelheiten der Auswirkungen des Klimawandels darstellen. Ich werde Ihnen anhand aktueller wissenschaftlicher Daten die Brisanz des Themas aufzeigen …"

Ganz ehrlich: Hören Sie bei solchen Redeanfängen wirklich zu? Oder erwischen Sie sich nicht doch bei dem Gedanken: „Na, wann geht es denn endlich los?" Ein seltsamer Gedanke, weil die Rede doch – eigentlich – schon angefangen hat (sic!).

Eine Rede geht nicht dann los, wenn der Redner anfängt zu sprechen.
Eine Rede geht dann los, wenn der Zuhörer einsteigt.

Eine straffe Rede funktioniert eben nicht wie ein Sachbuch. Sie funktioniert wie ein spannender Roman. Und der startet meistens mitten in der Geschichte.

Seite 41 *Der Professor tritt vor seine Zuhörer, sieht schweigend in die Runde. Dann* hält er *ein Metallstück hoch, in dem ein Holzscheit steckt. Er sagt: „Das hier können Sie heute nach einem Tornado in den USA finden. In* 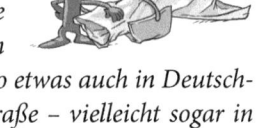 *den nächsten fünfzehn Jahren werden Sie so etwas auch in Deutschland finden – in Ihrer Stadt – in Ihrer Straße – vielleicht sogar in Ihrem eigenen Vorgarten."*

Wetten, dass Sie sofort hinhören? Ein straffer Redner spricht vom ersten Moment an so, dass die Zuhörer direkt mit einsteigen und wissen wollen, wie es weitergeht. Der Professor könnte auch so anfangen:

„Wer von Ihnen hat schon mal ein Hagelkorn gesehen, das so groß war?" Er hält einen Tennisball hoch: „Bitte Hand hoch!" Kaum jemand meldet sich – aber alle denken: „Was kommt jetzt?" Der Redner fährt fort: „Ich bin davon überzeugt: Sie alle werden noch in Ihrem Leben und in Ihrem Land ein solches Hagelkorn zu sehen bekommen!"

Seite 41
Seite 85

Es entspricht nicht den allgemeinen Erwartungen, wenn Sie anders anfangen als alle anderen. Die Zuhörer reagieren auf solche ungewöhnlichen Redeanfänge überrascht – und damit aufmerksam, weil es sie neugierig macht. Ein straffer Redner sagt daher höchstens „Guten Tag" oder „Herzlich willkommen". Und schon geht es los.

Keine Sorge, Sie beherrschen das bereits! Denn Sie üben das jeden Tag – den direkten Einstieg. Sie brauchen das nur aus Ihrem normalen Alltag zu übernehmen, schon haben Sie auch Ihre Reden gestrafft.

Lernen Sie von sich selbst

Stellen Sie sich vor, Ihr Chef kommt auf Sie zu und fragt: „Und – wie war das Verbandstreffen gestern?" Sie antworten: „Ja, herzlich willkommen zu meiner Zusammenfassung des gestrigen Tages. Schön, dass Sie das Thema interessiert. Ich werde zunächst etwas über die Anreise und den Veranstaltungsort erzählen, dann werde ich ein paar Worte über das Catering und die dort getroffenen Kollegen verlieren, anschließend werde ich die Vorträge kurz zusammenfassen und – wenn dann noch Zeit ist – berichte ich von den wichtigsten Pausengesprächen sowie meiner langwierigen Rückfahrt."

Beispiel

Klingt absurd? Das macht doch kein Mensch? Genau, das würde Ihr Gegenüber langweilen und zeitlich mehr als überstrapazieren. Aber seltsamerweise machen viele Redner genau das! Sie liefern Inhaltsübersichten, die beim Zuhörer die unterschiedlichsten

Effekte auslösen: „Der Punkt interessiert mich, der nicht, das Thema sagt mir nichts, da brauche ich gar nicht hinzuhören …" sprich: Der Zuhörer steigt aus, bevor Sie überhaupt richtig angefangen haben.

Hinein ins Geschehen Im Gespräch können Sie es besser. Denn wenn Ihr Chef Sie fragt, „Wie war das Verbandstreffen gestern?", dann fangen Sie sicherlich eher so an: „Der Hauptredner hat mit seinen Thesen alle unsere schlimmsten Befürchtungen bestätigt!" Keine lange Einleitung, keine Vorwegnahme – gleich hinein in den spannenden Teil der Geschichte. Und dann reden Sie so, wie es Ihnen spontan in den Sinn kommt, über das, was wirklich wichtig ist.

> Eine straffe Rede steigt sofort ins Thema ein. Ihre Zuhörer werden auf Anhieb zuhören statt erst nach der „Einleitung".

Zu Beginn einer Rede ist bereits alles erlaubt: Sie dürfen verwirren, neugierig machen, überraschen, verblüffen, provozieren, vor allem aber direkt in das Geschehen eintauchen. Fallen Sie mit der Tür ins Haus. Fangen Sie da an, wo es losgeht. Das Ergebnis ist: Sie werden die Aufmerksamkeit Ihrer Zuhörer direkt einfangen, statt sie nur langsam an sich zu ziehen.

„Liebe Vereinsmitglieder, ich heiße Euch herzlich willkommen zu unserer heutigen Vorstandssitzung. Wir werden heute den Geschäftsbericht von unserem Kassenwart hören. Anschließend werden wir uns beraten müssen, wie wir unsere Spendenaktion erneut in Gang setzen können. Denn das ist wirklich wichtig! Ich wünsche uns einen effektiven Austausch."

So kennt man es. Aber gerade weil es hier keine Überraschungen gibt, nichts passiert, was die Zuhörer nicht auch erwarten, ist die Aufmerksamkeit bei solchen Begrüßungen denkbar schlecht. „Man weiß ja, was kommt." Wie hoch ist dann wohl sofort die

Aufmerksamkeit der Zuhörer, wenn es mal nicht so kommt, wie man es kennt:

 *„Guten Abend! Ich sitze in unserer Kirche auf der Bank. In den Händen liegt das Gesang-buch, ich singe das Lied mit. Plötzlich tropft Wasser auf das Papier, ein dicker Tropfen. Dann noch einer. Und noch einer. Aus den Tropfen wird ein dünner Wasserstrahl – ich sehe nach oben zum Kirchendach: Genau da reißt das Dach auf, ein großer Wasserschwall schwappt über mich hinweg … In diesem Mo-ment – bin ich aufgewacht heute Morgen. Ich bin heute hier, damit dieser Alptraum nicht wahr wird. Ich freue mich auf unsere Vereins-sitzung heute!"*

Seite 78

Sie sehen, straffe Redeanfänge müssen nicht unbedingt kürzer sein. Aber sie sollten vor allem kurz*weilig* sein, also neugierig ma-chen. Ein überraschender Anfang packt Ihre Zuhörer sofort. Wort-hülsen und Floskeln dagegen nicht.

Überraschungen statt Floskeln

Reden straffen heißt, das Publikum zu fesseln. Damit sind Floskeln, umfangreiche Begrüßungen und ähnliche Worthülsen-Monster von vornherein absolut tabu.

Die Realität sieht oft genug anders aus: Redner bringen eine Über-sicht über ihre Redeinhalte, werfen diese Übersicht dann noch per PowerPoint an die Wand und lesen die Überschriften vor. Die Zu-hörer sehen sich das Schauspiel an und haken innerlich ab: „Inter-essiert mich, interessiert mich nicht." Oder, noch schlimmer: „Ach du meine Güte, 25 Punkte, das kann ja dauern …" Das langweilt. Die Überraschungen fehlen. Die Spannung ist futsch.

Sie haben nur eine Chance für den ersten Eindruck. Mit Ihren ers-ten Worten etablieren Sie bei den Zuhörern ein Meinungsbild über Sie. Es kostet mehr Energie, ein falsches Meinungsbild zu zerschla-gen, als sich ein paar Gedanken über den Einstieg in eine Rede zu machen, der dann einen nachhaltigen Eindruck hinterlässt.

Der erste Eindruck zählt

Seite 23 Den besten Eindruck hinterlassen Sie, wenn Sie ganz Sie selbst sind. Sobald Sie sich verstellen oder glauben, eine bestimme Rolle spielen zu müssen, werden Ihr Körper und Ihre Stimme Sie bereits beim ersten Eindruck verraten.

Auch bei Stress kommt die Wahrheit sofort heraus. Da gibt es nur eins: Sie können Ihre Nervosität nicht verbergen, also warum nicht offensiv damit umgehen? Das ist authentischer, als es zu überspielen. Sagen Sie ruhig: „Ehrlich gesagt bin ich nervös. Aber das ist auch kein Wunder, denn hier geht es heute um was!" Zuhörer honorieren Ehrlichkeit – zumal viele wahrscheinlich denken: „Kein Wunder, wenn ich da stünde, wäre ich auch nervös!" Sie können als Redner mit so viel Offenheit gleich zu Beginn die Sympathie Ihrer Zuhörer gewinnen.

Stellen Sie sich vor,
Sie stellen sich nicht vor!

Seien Sie selbstbewusst!

Haben Sie jemals erlebt, dass sich wichtige Leute selbst vorstellen? Wie wichtig sind *Sie*? Ein straffer Redner hat es nicht nötig, sich zu Beginn seiner Rede vorzustellen. Meistens steht im Programm, wer Sie sind. Oder der Moderator hat Sie vorher vorgestellt – dafür sollten Sie persönlich sorgen! Oder die Leute wissen ohnehin, wer Sie sind. Ein straffer Redner geht wie selbstverständlich davon aus, dass die Zuhörer ihn kennen. War er gut, werden die Unwissenden schon nachfragen, wer das war. Dazu gehört natürlich ein gewisses Selbstverständnis: Redner mit schwachem Selbstbewusstsein stellen sich höflich vor, da sie glauben, dass es die Norm von ihnen verlangt. Redner mit großem Selbstbewusstsein haben das nicht nötig. Wie selbstbewusst wollen *Sie* wirken?

Sollte eine Veranstaltung oder ein Redeanlass es allerdings tatsächlich nicht hergeben, dass Sie vorgestellt werden oder dass die Zuhörer an anderer Stelle sehen können, wer Sie sind, dann können Sie Ihren Namen auch am Schluss erwähnen. Am besten noch verbunden mit so einer richtigen Knalleraussage:

- *„Mein Name ist Hubert Killing. Ich bin stolz auf meinen Job! Danke!"*
- *„Ich heiße Martina Elbers. Ich liebe diesen Verein! Vielen Dank!"*
- *„Wenn Sie jetzt mehr wissen möchten: Ich bin Karl Wiederich. Ich freue mich auf Ihre Fragen. Danke schön!"*

Fertig. Mehr nicht. Das bleibt bei den Zuhörern ganz sicher hängen. Ihr Name ist sozusagen der Paukenschlag.

 Seite 70

Starten Sie mit einem Thema – aber mit einem anderen!

Ein straffer Redner fängt gerne mit etwas an, das auf den ersten Blick nichts mit dem angekündigten Redethema zu tun hat. Da denken die Zuhörer: „Och, was hat das mit dem Thema zu tun? Wie kriegt der jetzt die Kurve …?" Und sie bleiben dran, denn sie sind neugierig, wie es weitergehen wird.

Das Redethema lautet: „Mehr Mitglieder für unseren Sportverein". Sie steigen ein mit den Worten: „Würden Sie in einem Dorf leben wollen, in dem alle Häuser leer stehen?"

Mit einer solchen Frage gleich zu Beginn sind die Zuhörer sofort innerlich betroffen. Ein Trick für einen ungewöhnlichen Redeanfang kann also sein: Sie stellen eine Denkfrage.

 Seite 83

Und so geht es dann weiter:
„Das ist die Zukunft. Die Zukunft unseres Dorfes in 30 Jahren. Das ist demografischer Wandel in der Realität. Aber es gibt ein Mittel dagegen. Dieses Mittel kostet uns nichts außer ein wenig Zeit. Dieses Mittel bereichert unsere Freizeit. Dieses Mittel führt Menschen zusammen, die ein gemeinsames Ziel haben. Dieses Mittel macht unser Dorf auch in der Zukunft attraktiv und bindet die Menschen an ihre Heimat. Dieses Mittel ist: Mitgliederwerbung für unseren Verein!"

Seite 76 Spannen Sie Ihre Zuhörer auf die Folter, in diesem Fall mit dem Krimitrick. Damit setzen sie gleich zu Beginn ein deutliches Zeichen: Sie sind anders als andere Redner – hier lohnt es sich zuzuhören.

Beispiel

Die Bedingungen waren denkbar schlecht: Auf dem Neujahrsempfang wollten sich die Parteimitglieder lieber unterhalten und ihren Wein trinken. Die Reden ihrer Landtagskandidaten interessierten sie nur am Rande. Dazu kam, dass die Beschallungsanlage im Saal eine schlechte Qualität hatte. Im hinteren Teil des Raumes waren die Reden kaum zu hören. Das hatte zur Folge, dass permanent eine leichte Unruhe herrschte. Die Vorstellung der Landtagskandidaten in den eigenen Reihen war eher eine Art Pflichtübung. Meine Vorredner hatten es schwer gehabt, sich gegen das Geraune im Saal durchzusetzen. Dann bin ich an der Reihe. Ich trete vor die Zuhörer, warte einen Moment. Dann sage ich: „1989. Ich stehe auf dem Schulhof meines Gymnasiums in Köln. Ich warte auf meine Abiturklausur. Ich schaue mich um." Von jetzt auf gleich ist es mucksmäuschenstill im Saal. Alle Köpfe drehen sich zu mir hin. Manche stoßen ihrem Nachbarn den Ellenbogen in die Seite, um ihn zum Schweigen zu bringen. Meine ersten Worte haben bei den Zuhörern die volle Aufmerksamkeit erreicht. Ich habe weder mit einer Begrüßung, noch mit meinem Namen begonnen. Ich bin direkt in eine Geschichte eingestiegen. Ich erzähle: „Die Schüler in den Jahrgangsstufen unter mir haben mir damals schon Sorgen bereitet. Sie waren verwöhnt: Sie trugen Pullover von Lacoste und besaßen zum Teil bereits eigene Autos. Mit meinen neunzehn Jahren trieb mich der Gedanke um, wie diese jungen Menschen diesen Lebensstandard in Zukunft halten wollten." Damit bin ich mitten im Thema: „Wie laut wird wohl der Ruf nach einem Staat, wenn einem solch hohe Ansprüche anerzogen werden?" Mit diesem Einstieg kann ich nahtlos überleiten zum Thema „bürgerschaftliches Engagement". Die Aufmerksamkeit des Publikums habe ich von der ersten bis zur letzten Sekunde.

Einige Jahre später erzähle ich diese Geschichte übrigens in einem meiner Seminare. Eine Teilnehmerin war damals dabei gewesen und offenbarte sich. Sie sagt: „Das war aber irgendwie wenig weiblich." Ich frage: „Haben Sie jemals eine Frau so reden hören?" Sie schüttelt den Kopf. Ich frage: „Haben Sie jemals einen Mann so reden hören?" Wieder verneint sie. Ich sage: „Dieser Vortragsstil ist weder männlich noch weiblich. Er ist einfach nur anders als alle anderen." Die Teilnehmerin gibt zu: „Und ich habe es mir gemerkt. Stimmt!"

Dieser in den Ohren der Zuhörer ungewöhnliche Redeeinstieg basierte auf dem Kopfkino-Trick. Damit zwingen Sie Ihre Zuhörer regelrecht, von Anfang an zuzuhören. Versetzen Sie sich wieder in die Lage des Zuhörers: Werden Sie nicht auch neugierig, wenn jemand so ungewöhnlich in seine Rede einsteigt?

Seite 78

Welche Tricks Sie auch immer anwenden, um Spannung zu erzeugen: Eine große Überraschung gelingt Ihnen immer dann, wenn Sie mit einem anderen Thema anfangen, als die Zuhörer von Ihnen erwarten. Genau genommen können Sie das mit nahezu jedem Thema, das Ihnen gefällt. Mit dem Stegreiftrick finden Sie immer den passenden Übergang.

Seite 75

Seite 88

Mit Inhalt wirken:

Sämtliche Floskeln, Begrüßungen, Übersichten und Einleitungen weglassen – und gleich ins Thema einsteigen.

Mit Spannung begeistern:

Sie starten mit einer ungewöhnlichen Aussage, einer Denkfrage, Geschichte oder, oder, oder. Damit entsprechen Sie nicht mehr der bekannten Norm.

Die Zuhörer überzeugen:

Wenn Sie direkt ins Thema einsteigen, wecken Sie auf Anhieb das Interesse der Zuhörer: „Der legt ja gleich los, das wird bestimmt spannend!"

Machen Sie be-merk-enswert Schluss!

Das Wichtigste zuerst: Setzen Sie einen deutlichen Schlussakkord! Denn auch am Ende hinterlassen Gemeinplätze den falschen Eindruck. Wer seine Rede mit den Worten beendet: „Ich komme dann mal zum Ende …", versteckt sich erneut hinter Worthülsen und Floskeln. Vor allen Dingen, wenn es mit dem Ende dann doch noch dauert! Versetzen Sie sich auch hier wieder in die Lage des Zuhörers: Was soll eine solche Bemerkung bewirken? Soll der Zuhörer aufatmen, dass es endlich vorbei ist? Oder will der Redner sich vielleicht entschuldigen, dass er den Zuhörern die Zeit gestohlen hat?

„Meine sehr geehrten Damen und Herren, ich möchte Ihre Aufmerksamkeit nicht weiter strapazieren und komme daher langsam zum Schluss meines Vortrags. Vorher möchte ich Ihnen aber noch einen wichtigen Aspekt erläutern, der …"

Ja, was denn nun: Hört der Redner jetzt auf oder nicht? Ebenso verhält es sich mit Aussagen wie „Vielen Dank für Ihre Aufmerksamkeit!" Dafür haben Sie sich bei Ihren Zuhörern nicht zu bedanken. Vielmehr haben Sie selbst dafür zu sorgen, dass Ihnen die Aufmerksamkeit der Zuhörer erhalten bleibt.

Der Schluss einer Rede sollte so sein, wie der Schlussakkord eines großen Orchesterstückes, da weiß jeder Zuhörer: Das war's! Ihre letzten Worte sollten so klingen, als fiele danach der Vorhang. Um diesen Effekt zu erreichen, eignen sich klare Aussagen, Anregungen, Appelle oder Empfehlungen.

Straffe Redner sind Meinungsführer. Um den Zuhörern dieses Gefühl auch zu vermitteln, bietet es sich an, am Ende einer Rede eine Empfehlung oder einen Appell auszusprechen. Dazu ist es natürlich wichtig, dass Sie überhaupt eine Meinung haben!

Sprechen Sie eine Empfehlung aus

 Seite 82

- *„Ich empfehle Ihnen: Tragen Sie sich jetzt in unsere Vereinsliste ein – Ihr Körper wird es Ihnen danken. Vielen Dank!"*
- *„Mein wichtigster Tipp an Sie: Gehen Sie zur Wahl – denn auch heute sollten wir immer noch für unsere Demokratie kämpfen! Ich danke Ihnen!"*
- *„Ich fordere Sie auf: Nehmen Sie die Scheuklappen Ihrer eigenen Generation ab und schauen Sie sich um: Auch andere Generationen haben gute Ideen! Vielen Dank!"*

Keine Schnörkel, klare Aussagen, eindeutige Aufforderung zur Handlung – das strafft Ihren Redeschluss. Und die Zuhörer gehen mit einer eindeutigen Botschaft nach Hause oder in die anschließende Diskussion. Ein knackiges „Vielen Dank!" setzt den Akkord – und das war's.

Machen Sie
klare Aussagen Zuhörer mögen klare Aussagen. Daran können Sie sich reiben, sich anschließen, sich eine eigene oder eine neue Meinung bilden. Fassen Sie Ihre Rede in einer solchen klaren Aussage am Ende zusammen, auch damit setzen Sie einen deutlichen Schlusspunkt:

- *„Ich finde, wir haben viel zu lange gewartet. Ich bin der Meinung: Wir handeln – jetzt! Vielen Dank!"*
- *„Mein Standpunkt lautet: Erneuerbare Energie darf nicht subventioniert werden. Nur der freie Wettbewerb zeigt, was am Markt funktioniert. Vielen Dank!*
- *„Ich bin davon überzeugt: Unser Produkt hat eine große Zukunft. Nehmen Sie daran teil! Danke schön!"*

Ein solcher Schlusssatz wirkt wie eine Zusammenfassung dessen, was Sie gesagt haben. Aber eben nicht langatmig und mit vielen Wiederholungen, sondern einfach auf den Punkt gebracht. Es ist sozusagen die Kernaussage Ihrer Rede in wenigen Worten.

Sagen Sie,
was Sie wollen Was ist Ihr größter Wunsch? Wie sieht Ihr Ideal aus? Zuhörer wollen wissen, was Sie bewegt. Mit Ihrem Schlusssatz können Sie das noch einmal richtig auf den Punkt bringen:

- *„Ich wünschte mir, alle Vereine hätten so viel Power und Spaß an der Sache wie unserer. Vielen Dank dafür!"*
- *„Mein Wunsch lautet: Mehr Zeit für Kinder! Denn unsere Kinder sind nicht nur unsere Zukunft. Sie sind unser Leben! Vielen Dank!"*
- *„Ich träume davon, dass wir in diesem Dorf auch in 30 Jahren noch ein gutes Leben führen können. Teilen Sie meinen Traum und arbeiten Sie daran mit! Vielen Dank!"*

Natürlich lassen sich alle diese Varianten auch kombinieren. Das Wichtigste ist, dass Sie sich diesen Schlusssatz vorher genau überlegen. Er stellt den Paukenschlag dar, der Ihren Zuhörern am längsten in den Ohren nachklingen wird. Er stellt auch eine der ganz wenigen Ausnahmen auf Ihrer Redekarte dar: Diesen Satz können Sie dort ausformulieren, damit er auch wirklich gelingt.

 Seite 99

Für eine gelungene Rede
gebrauche gewöhnliche Worte
und sage ungewöhnliche Dinge.
Arthur Schopenhauer

Die Operation-Zwille-Trickkiste

Filme oder Romane fesseln ihr Publikum, indem immer wieder kleine und große Spannungsbögen aufgebaut werden. Ein Kinofilm mit der Zuschauerbewertung „langweilig" dagegen dürfte sich nicht lange in den Kinosälen halten. Es gibt immer ein Geheimnis, das es zu lösen gilt. Es gibt immer eine oder mehrere Figuren, mit denen die Leser oder Zuschauer mitfiebern können. Es gibt immer wieder überraschende Wendungen. Und es geht nicht selten um Leben und Tod.

Begeistern Sie Ihre Zuhörer

Die Tricks, die Autoren benutzen, um ihre Zuschauer oder Leser in Atem zu halten, lassen sich auch sehr gut für straffe Reden anwenden. Denn eine straffe Rede arbeitet mit dem gleichen, wirkungsvollen Stilelement: Spannung erzeugen!

In spannenden Büchern identifiziert sich der Leser mit der Hauptfigur, im Film hält der Hauptdarsteller die Zuschauer in Atem. In einer straffen Rede kann der Redner selbst die Hauptfigur sein. Sorgen Sie dafür, dass sich Ihre Zuhörer mit Ihnen identifizieren können. Oder berichten Sie über eine andere Person, mit der die Zuhörer mitfiebern können. Wie auch immer, Sie haben es in der Hand: Sie sind Autor, Regisseur und Hauptfigur in einem! Oder anders formuliert: Sie sind einfach Sie selbst – das ist schließlich die beste Rolle Ihres Lebens!

Der Redner ist die Hauptfigur

Nicht die Inhalte einer Rede stehen an erster Stelle, sondern der Mensch, der die Inhalte übermittelt. Überzeugt der Mensch, überzeugt auch der Inhalt. Damit der Inhalt überzeugend wird, greifen

Überzeugen Sie als Mensch

straffe Redner auf Tricks zurück, mit denen sie vor allen Dingen Spannung erzeugen können. Denn das ist ja ein entscheidender Erfolgsfaktor der Operation Zwille – neben dem Inhalt und dem Blick auf die Zuhörer.

Nutzen Sie den Trick der Krimiautoren

Rätsel zum Spannungsaufbau

Seite 83

Wer Krimis liest, liebt die Dramatik, das Herzklopfen und das Rätselraten, wer wohl der Mörder sein mag. Stellen Sie sich vor, Sie schlagen einen neuen Krimi auf und fangen an zu lesen. Die ersten Sätze lauten: „Am Ende dieser Geschichte wird der Kommissar herausfinden, dass der Industrielle von seinem Fahrer ermordet worden ist. Alles begann an einem Samstagmorgen …" Würden Sie diesen Krimi jetzt noch lesen wollen? Selbst die Krimiserie Columbo, bei der der Zuschauer schon am Anfang erfährt, wer der Mörder ist, beinhaltet immer noch ein Rätsel: Wie wird Columbo dem Mörder am Ende auf die Spur kommen? Kein Buch, kein Film kommt ohne diesen klassischen Effekt aus: Am Anfang entsteht beim Leser oder Zuschauer eine offene Frage im Kopf, die beantwortet werden will. Wie wird der Held sein Problem lösen? Werden die Liebenden zusammenkommen? Wer ist der Mörder?

Leider machen aber viele Redner einen ganz entscheidenden Fehler bei ihren Vorträgen: Sie decken alle Geheimnisse gleich zu Beginn auf. Sie verraten den Mörder direkt am Anfang. Mit dem Krimitrick machen Sie genau das Gegenteil: Sie spannen Ihre Zuhörer auf die Folter, Sie machen Ihren Vortrag so spannend wie möglich.

„Ein kleines Mädchen zeigt seinen Eltern ihr selbstgebautes Legostein-Haus: ‚Hier werde ich wohnen, mitten auf dem Land, auf grüne Hügel schauen und Bücher schreiben!' Die Eltern lachen, aber das kleine Mädchen weiß: Genauso wird es sein. Heute ist das kleine Mädchen groß, lebt auf dem Land, schaut

auf grüne Hügel vor dem Fenster und schreibt Bücher. Das kleine Mädchen – das war ich!"

Häufig argumentieren Redner, indem sie erst ihre Lösung präsentieren und dann erklären, warum ihre Lösung sinnvoll ist. Das klingt dann so:  Seite 81

„Meine Lieblingsstadt ist Köln. Sie ist rheinisch geprägt, die Menschen dort sind ein ganz eigener Schlag. Sie trinken am liebsten Kölsch, feiern einmal im Jahr kräftig Karneval und rufen dazu Alaaf. Mit dem Kölner Dom gibt es dort eine Attraktion, die jedes Jahr Hunderttausende von Besuchern anzieht."

Schon zu Beginn wird hier verraten, worum es geht. Damit ist die Luft raus, die Neugierde der Zuhörer hält sich in Grenzen. Sie könnten Ihre Rede aber auch straffen – sprich: Spannung erzeugen –, indem Sie die folgende Version wählen:

„In meiner Lieblingsstadt sind die Menschen rheinisch geprägt und doch ein ganz eigener Schlag. In meiner Lieblingsstadt trinken viele gerne Kölsch. In meiner Lieblingsstadt feiert man einmal im Jahr kräftig Karneval und ruft dazu Alaaf. Meine Lieblingsstadt hat eine besondere Attraktion, die jedes Jahr Hunderttausende von Besuchern anzieht. Meine Lieblingsstadt ist" – Pause – „Adenau am Nürburgring!"

Na, reingelegt? Da sehen Sie es: Der Trick mit dem Krimi erzeugt nicht nur Spannung, sondern kann gerne auch ungewöhnliche Überraschungsmomente liefern.

Die Teilnehmerinnen hatten gerade den Krimitrick kennengelernt. Beispiel
Sie sollten nun so tun, als begrüßten sie einen Ehrengast. So kannten sie es als Vereinsvorsitzende von ihren eigenen Veranstaltungen, bei denen sie Referenten oder Politiker auf die Bühne bitten. Eine Teil-

nehmerin stellt sich vor die Gruppe. Sie sagt: „Wir haben heute einen ganz besonderen Gast. Dieser Gast ist eine außergewöhnliche und starke Persönlichkeit. Dieser Gast hat nur sehr wenig Zeit, umso mehr freut es uns, dass er heute hier ist. Dieser Gast hat eine Vorliebe für die Farbe Rot. Dieser Gast fährt ein ungewöhnliches Fahrzeug, das er für seinen Beruf braucht. Dieser Gast ist" – Pause – „der Weihnachtsmann!" Schallendes Gelächter im Raum, die Überraschung ist gelungen: Mit dem Weihnachtsmann als Gast hatte nun wirklich niemand gerechnet …

Für den Krimitrick ersetzen Sie das Wort, um das es geht, durch einen allgemeinen Begriff. Sagen Sie „diese Idee", „dieses Projekt", „dieser Mann", „diese Stadt" – und erst am Ende verraten Sie: „Diese Idee ist …", „Dieser Mann ist …". Das erhöht die Spannung enorm.

Straffe Reden liefern dem Zuhörer Spannung und Überraschungen.

Zeigen Sie Ihren Zuhörern Ihren Film

Denken Sie wie ein Regisseur

Autoren und Regisseure vermitteln ihren Lesern und Zuschauern eine Vielzahl von Sinneseindrücken. Im Film wird oft mit Dialogen gearbeitet, um Spannung zu erzeugen. In Romanen tauchen die Leser oft sogar in die Gedankenwelt ihrer Helden ein. Situationen werden gezeigt oder beschrieben, die die Geschichte in Gang halten. Der Leser erlebt das Geschriebene mit, der Kinobesucher taucht optisch und akustisch in das Geschehen ein. Der Mensch an sich liebt Geschichten einfach – das war schon früher an den Lagerfeuern nicht anders.

Straffe Reden machen sich diese Vorliebe zunutze: Sie erzeugen Kopfkino. Je mehr Sinneseindrücke, Dialoge oder Gedanken Sie einblenden, umso intensiver wird das Erlebnis für Ihre Zuhörer. Achten Sie mal darauf: Alle Geschichten in diesem Buch sind immer mit wörtlicher Rede erzählt. Erzählen Sie auch *Ihre* Geschichten so, dass die Akteure selbst sprechen. Teilen Sie Ihre Gedanken mit – wörtlich. Und werden Sie Regisseur Ihres eigenen Films – mit Worten.

„Ich war mir sicher: ‚Diesen Auftrag kriegen wir!‘ Aber ich sagte ganz ehrlich zum Auftraggeber: ‚Wir sind dazu noch nicht bereit!‘ Er sah mich an, nickte. Er sagte: ‚Einverstanden. Wir warten.‘ Eine Woche später konnte ich ihm sagen: ‚Das Warten hat sich gelohnt: Wir konnten das Projekt noch um 20 Prozent preiswerter gestalten!‘ Der Kunde hat noch am gleichen Tag unterschrieben.“

Dass das einen Sinn ergibt, zeigte ja schon der Blick auf das Gehirn des Zuhörers: Menschen lieben Bilder, und Geschichten sind Bilder. Um mit diesen Geschichten tief in die Köpfe Ihrer Zuhörer einzudringen, gibt es einen kleinen Trick: Erzählen Sie die Geschichte nicht in der Vergangenheitsform, sondern in der Gegenwart. Stellen Sie es schlicht so dar, als würde es jetzt in diesem Moment noch einmal passieren. Die Wirkung ist enorm: Ihre Zuhörer werden das Gefühl haben, als wären sie mittendrin im Geschehen. Schauen Sie sich noch mal die Redebeispiele in diesem Buch an: An den „dramatischen" Stellen wechselt die Zeitform auch meist in die Gegenwart!

Seite 29

„Ich öffne den Umschlag. Mein Herz schlägt wie ein Dampfhammer. Ich denke: ‚Wenn du die Stelle kriegst, dann haben sich drei Probleme auf einmal in Luft aufgelöst: Ich kann in der Stadt bleiben, ich kann mein Haus bezahlen und es wird nichts aus Hartz IV.‘ Ich nehme den Brief aus dem Umschlag. Ich entfalte das Papier, fange an zu lesen. Da steht: ‚Wir freuen uns, Ihnen hiermit mitzuteilen …‘ Ich kann es nicht fassen: Ich habe die Stelle!“

Schalten Sie um
auf Zeitlupe
Ein Trick beim Kopfkino ist der, dass Sie beim Erzählen sozusagen an der Stelle, an der es spannend oder entscheidend wird, auf Zeitlupe schalten. Sie gehen beim Erzählen immer mehr ins Detail, damit sehen Ihre Zuhörer vor ihren eigenen Augen ganz genau, was passiert. Auch das ist übrigens ein Trick, den viele Regisseure einsetzen: An der Stelle der Handlung, an der alles ganz schnell passiert, werden die Szenen in Zeitlupe gezeigt. Das erhöht die Dramatik ungemein.

Die Geschichten, die Sie erzählen, müssen noch nicht einmal Ihre eigenen sein. Genauso wirksam ist es, wenn Sie von anderen Menschen erzählen. Es geht weniger darum, *wessen* Geschichte Sie erzählen, als darum, *wie* Sie diese Geschichte erzählen. So wie die Geschichte von dem Mann, der die Entscheider der Stadt Dresden

Seite 43 mit einem Zuckerwürfel überzeugte …

„Thomas Edison ist kurz davor, die Lösung zu finden: das richtige Material für eine funktionstüchtige Glühbirne – nach Hunderten Fehlversuchen. Tagelang haben seine Mitarbeiter mit einem neuen Stoff experimentiert. Jetzt ist die Glühbirne fertig. Ein aufgeregter Lehrling soll die Glühbirne für die Tests in die obere Etage bringen. In seiner Vorfreude stürzt er die Stufen hinauf. Er stolpert. Er fällt der Länge nach hin. Die Glühbirne rutscht aus seiner Hand. Sie zerspringt in unzählbare Stücke. Es wird still in der Werkstatt. Alle erwarten, dass Edison jetzt wütend wird. Aber er wird es nicht.

Tage später ist die nächste Glühbirne mit dem neuen Glühfaden fertig. Edison sagt zu dem jungen Lehrling: ‚Bring du sie hinauf!‘ Der junge Kerl kann sein Glück kaum fassen. Er hatte doch all diesen Ärger verursacht! Er nimmt die Glühbirne ganz vorsichtig in die Hände, geht langsam Stufe für Stufe die Treppe hinauf. Ebenso langsam geht er auf den Experimentiertisch zu, wo die Glühbirne getestet werden soll. Mit zitternden Knien und Schweiß auf der Stirn überreicht er die fertige Glühbirne an einen von Edisons Mitarbeitern. Sie testen die Glühbirne: Sie brennt! Sie brennt stundenlang! Edison hat endlich das richtige Material für den Glühfaden

gefunden. Er hat es geschafft, weil er seinen Mitarbeitern vertraute.
Auch einem jungen Lehrling, der einen Fehler gemacht hatte. Die-
sen Vertrauensvorschuss wollen auch wir unseren Mitarbeitern ge-
ben: Fehler sind bei uns erlaubt!"

Wichtig ist, dass die Sätze, die Sie sprechen, kurz sind. Nebensätze
oder Verbindungswörter wie *und, oder, weil, denn* sind beim
Krimitrick tabu. In einer Regieanweisung steht auch nicht: „Ein
Mann rennt aus dem Haus, weil es brennt." Dort steht vielmehr:
„Ein Haus brennt. Ein Mann rennt hinaus." Die Denklücke zur
Kausalität schließt der Zuhörer oder in dem Fall der Leser selbst.
Das erhöht die Wirkung.

Denklücken
stehen lassen

Straffe Reden erzeugen Kopfkino und bringen die Zuhörer
mitten hinein in das Geschehen.

Stellen Sie alle Seiten dar

Viele Autoren arbeiten gerne mit dem Gegensatzpaar „Gut versus
Böse". In einem Krimi oder Thriller wäre es ja auch langweilig,
wenn der Gute nicht auch auf einen Bösen trifft, gegen den er an-
zukämpfen hat. Auch dieses Stilelement lässt sich für straffe Reden
einsetzen. Wenn Sie in einer Rede für eine Sache argumentieren
wollen, dann reicht es nicht, wenn Sie nur Ihre eigenen Argumente liefern. Es ist mindestens ebenso wichtig, dass Sie die möglichen
Gegenargumente, die in den Köpfen der Zuhörer feststecken, zur
Sprache bringen. Und das am besten gleich am Anfang Ihres Vortrags!

Denn diese Gegenargumente schränken das Hörvermögen Ihrer
Zuhörer ein: Wie Mühlräder drehen sich diese in den Köpfen und
verhindern die Aufnahme anderer Argumente. Wenn Sie als Redner gleich zu Beginn auf diese Punkte zu sprechen kommen, ist
die Chance größer, dass auch Ihre eigenen Gehör finden. Sprechen

Sprechen Sie
alles an

Sie die Sorgen und Nöte Ihrer Zuhörer daher gezielt an – dann fühlen sich diese ernst genommen.

Beispiel *„Ich weiß, dass viele von Ihnen lieber auf das neue Jugendheim verzichten würden. Sie befürchten: Das wird laut. Da wird randaliert. Das könnte eine Zentrale für Drogen und Alkohol werden. Das ist alles richtig. Aber ich frage Sie: Wo gehen die Jugendlichen sonst hin? Zum Bahnhof? An die Bushaltestelle? Auf den Kirchplatz? Dort sind sie ja heute schon. Und dort sind sie ohne Aufsicht und ohne Beschäftigung. Das Jugendheim sollen die jungen Leute selbst gestalten – warum sollten sie in den eigenen vier Wänden randalieren? Und sie sollen eigene Regeln aufstellen – sie werden selbst darauf achten, dass sie eingehalten werden. Wir sind der Meinung: Vertrauen ist die bessere Entscheidung."*

Übrigens: Wenn Sie zunächst den wichtigsten Gegenargumenten zustimmen, nimmt das Ihren Zuhörern den Wind aus den Segeln. In der Schlagfertigkeit nennt sich das „Unerwartet zustimmen". Anschließend haben Ihre eigenen Argumente eine ganz andere Wirkung, denn die Zuhörer fühlen sich mit ihren „Ja, aber ..."-Mühlrädern berücksichtigt.

Haben Sie eine Meinung! Unstraff wirkt Ihre Rede allerdings, wenn Sie sich selbst als Redner nicht auf eine eigene Meinung festlegen. Die höhere Wirkung erzielen Sie, wenn Sie klar Stellung beziehen. Die Zuhörer wollen ein klares Profil von Ihnen als Redner erhalten. Das funktioniert nicht, wenn Sie zahlreiche Aspekte, das Für und Wider aufzählen, sich selbst aber nicht festlegen wollen. Zuhörer schätzen Redner, die einen klaren Standpunkt haben. Schwammige Aussagen dagegen hinterlassen einen ebensolchen schwammigen Eindruck. Seien Sie geradlinig. Seien Sie eindeutig. Und diese Geradlinigkeit

 Seite 70 sollte bis hinein in Ihren Schlusssatz nachwirken.

Fragen Sie so, dass es wirkt

Als Sie noch im Deutschunterricht saßen, haben Sie sicherlich zum ersten Mal von ihr gehört: der rhetorischen Frage. Ein Stilmittel, das gerne als ultimatives Mittel angeboten wird, um Spannung zu erzeugen. Was ist genau eine rhetorische Frage? Das ist „eine Frage, auf die keine Antwort erwartet wird, die nur um der Wirkung willen gestellt ist.“[10]

„Das Produkt hatte keinen Erfolg auf dem Markt. Was haben wir gemacht? Wir haben das Produkt verbessert. Und wie haben wir es verbessert? Wir haben einige teure Komponenten durch preiswertere ersetzt. Wie  *haben wir das geschafft? Wir haben mit neuen Kooperationspartnern gearbeitet. Was hatte das Ganze zur Folge? Das Produkt verkauft sich heute um 50 Prozent besser auf dem Markt.“*

Ich weiß nicht, wie es Ihnen geht, aber ich unterdrücke gerade ein Gähnen. Genau dieser Langweiler-Effekt macht die rhetorische Frage in einer straffen Rede überflüssig. Denn eine Aneinanderreihung von rhetorischen Fragen erzeugt keine Spannung, sondern schläfert ein. Erst recht, wenn nach jeder dieser rhetorischen Fragen die Antwort vom Redner gleich mitgeliefert wird.

Anders aber verhält es sich mit der Denkfrage. Diese Frageform bringt Ihre Zuhörer zum Nachdenken, sie entwickeln schlagartig eine Meinung.

Regen Sie zum Denken an

- ■ *„Würden Sie Ihr Kleinkind allein auf eine Weltreise schicken?“*
- ■ *„Würden Sie mit einem Schiff fahren, das weder Rettungsboote noch Rettungswesten an Bord hat?“*
- ■ *„Möchten Sie Ihren Lebenspartner im Rollstuhl sehen?“*

In den Köpfen Ihrer Zuhörer entsteht sofort eine eindeutige Antwort. Mit diesen Fragen initiieren Sie ein deutliches „Ja" oder „Nein" – ohne weitere Diskussion. Das macht betroffen. Eine dramaturgische Pause nach einer solchen Denkfrage vertieft den Effekt und kostet die Betroffenheit bei den Zuhörern aus.

Um auf Denkfragen zu kommen, helfen Aussagesätze mit „alle" oder „niemand" weiter:

- „*Niemand* will sein Kind verlieren." wird zu „Möchten *Sie* Ihr Kind verlieren?"
- „*Alle* wollen mehr verdienen" wird zu „Wollen *Sie* bis zum Lebensende dasselbe Gehalt wie jetzt?"

> Straffe Reden bringen den Zuhörer dazu, innerlich im Sinne des Redners abzustimmen.

Seite 67 Damit rütteln Sie Ihre Zuhörer emotional auf. Da diese Fragen sich von selbst beantworten, brauchen Sie als Redner auch nicht weiter darauf einzugehen. Sie wirken von ganz allein – ohne weiteren Kommentar.

Überraschen Sie mit Fakten

Gute Autoren schenken ihren Lesern einen Wissensvorsprung. Damit sind sie den Helden der Geschichte überlegen, das gibt dem Leser ein gutes Gefühl. Auch umfassendes Fachwissen von Autoren beeindruckt die Leser. Diese Tricks der Autoren lassen sich auch auf straffe Reden übertragen und den Redner kompetent wirken: Straffe Redner bringen gerne ungewöhnliche Fakten.

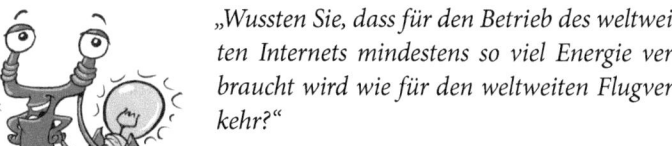

„Wussten Sie, dass für den Betrieb des weltweiten Internets mindestens so viel Energie verbraucht wird wie für den weltweiten Flugverkehr?"

Wenn ein Redner solche überraschenden, weil weniger bekannten Fakten liefert, denken die Zuhörer sofort: „Ach, das wusste ich ja noch gar nicht, das ist ja interessant!" Und vom ersten Moment an sind sie sich sicher: „Der hat was drauf! Der weiß aber echt Bescheid! Bin gespannt, wie es weitergeht …"

Wichtig ist, die Fakten mit Ihrer Rede auf überraschende Weise zu verbinden. Das ist so gut wie immer möglich. Wie in diesem Beispiel:

„Stellen Sie sich vor, vor Ihnen steht ein Würfel Beispiel *mit einem Kilometer Kantenlänge. Er ist randvoll mit Wasser. Unten ist ein Loch, aus dem fließen pro Sekunde 100 Liter Wasser heraus. Wie lange braucht es, bis der Würfel leer ist? Schnell, aus dem Bauch heraus!"* – Pause – *„Stunden? Tage? Wochen?"* – Pause – *„Es dauert"* – Pause – „317 Jahre. Überrascht? Das liegt daran, dass wir uns einen solchen Würfel überhaupt nicht richtig vorstellen können. Ein Kilometer – wie groß ist das eigentlich? Genauso ist es mit den Milliarden Schulden in unserem Land: Wir können uns solche Zahlen absolut nicht vorstellen!" Jetzt kann der Redner in sein eigenes Thema nahtlos überleiten, zum Beispiel Bankenkrise oder die finanzielle Zukunft der Jugend oder, oder, oder.*

Wenn Sie ungewöhnliche Fakten mit Ihrem eigentlichen Redethema verbinden, können Sie das Ganze auch noch mit einer überraschenden Hand-hoch-Abfrage beginnen:

Seite 96

„Wer von Ihnen hat schon mal sein Portemonnaie verloren? Bitte Hand hoch! Und wer von Ihnen hat schon mal sein Handy verloren oder liegen gelassen? Bitte Hand hoch! Durchschnittlich braucht es 26 Stunden, bis jemand

Seite 41

meldet, dass er seine Geldbörse verloren hat. Wenn aber jemand sein Handy verloren hat, dann meldet dieser das durchschnittlich innerhalb von 69" – Pause – *„Minuten. Das sagt etwas über den Stellenwert unseres kleinen Begleiters aus. In einem Handy"* – der Redner hält sein eigenes hoch – *„transportieren wir unsere Kontaktdaten, Kaldendereinträge, eine Kamera mitsamt allen Schnappschüssen der letzten Party, Kurzmitteilungen, das weltweite Internet und sogar"* – Pause – *„ein Telefon! Individuelle Einstellungen wie Klingeltöne und Bilder machen dieses Gerät vor allem für junge Menschen zu einem unersetzlichen Begleiter. Der Verlust gleicht einer Katastrophe. Wir glauben, von all diesen technischen Helferlein abhängig zu sein. Das lässt uns vergessen, wie selbstverständlich ein gefüllter Kühlschrank geworden ist. Wie selbstverständlich das Dach über dem Kopf und das fließende Wasser im Bad geworden sind. Wie selbstverständlich es sein sollte, wertschätzend miteinander umzugehen. Mit unserem Verein wollen wir diese Werte wieder sichtbar machen …"*

Andere sind auch schlau

Viele Menschen haben schon viel gesagt. Da sind so manche Weisheiten dabei, die Sie auch wunderbar in Ihre Reden einbinden können. Es gibt zahlreiche Quellen – Internet, Nachschlagewerke –, die voll sind mit Zitaten, Aphorismen und anderen Klugheiten. So wie Sie einen Kuchen garnieren, so können Sie auch Ihre Rede mit schmückenden Aussagen bestücken.

„Henry Ford – der Henry Ford, der das Automobil zum Fließbandprodukt machte – hat mal gesagt: ‚Wenn ich die Menschen gefragt hätte, was sie wollen, hätten sie gesagt: schnellere Pferde.' Es ist eben nicht immer sinnvoll, die Menschen zu fragen. Manchmal sollte man eben weniger fragen und einfach tun. Weil Menschen wie Henry Ford mit ihren Herangehensweisen Erfolg hatten, bin auch ich guten Mutes: Wir werden mit unserem Konzept an die Spitze kommen. Wir fragen nicht viel, wir machen einfach. Denn unsere Idee ist gut!"

Zitieren im neuen Zusammenhang

Zitate eignen sich auch sehr gut, um die Zuhörer zu überraschen. Bringen Sie beispielsweise Zitate in ungewöhnliche Zusammenhänge, die so bisher noch keiner hergestellt hat. Oder lassen Sie Ihre Zuhörer einen Moment lang im Ungewissen, woher das Zitat stammt:

„Unsere Jugend ist heruntergekommen und zuchtlos. Die jungen Leute hören nicht mehr auf ihre Eltern. Das Ende der Welt ist nahe." – Pause – *„Dieses Zitat habe ich nicht von unserem Nachbarn, in dessen Haus vier Teenager leben. Das habe ich auch nicht von einem Lehrer. Das hat mir auch kein Politiker zugeraunt. Dieses Zitat stammt aus einer Keilschrift. Diese Keilschrift ist über 4.000 Jahre alt. Die Probleme, die wir heute zu haben glauben, sind nicht neu. Vielmehr sollten wir immer bedenken, dass unsere Jugend das Ergebnis unserer Erziehung ist. Lassen Sie uns heute lieber gemeinsam überlegen, wie die Generationen voneinander profitieren können."*

Seite 71

An solche ungewöhnlichen Informationen und Zitate kommen Sie durch permanentes Sammeln. Halten Sie immer und überall die Augen offen und notieren Sie sich ungewöhnliche Informationen und Fakten. Ob aus der Zeitung oder Fachzeitschriften, aus dem Internet, den Nachrichten, Büchern – Quellen gibt es genug. Sie sollten nur jedes Mal, wenn Ihnen eine solche ungewöhnliche Information begegnet, daran denken, sich eine Notiz zu machen. Das ergibt schnell eine große Sammlung, auf die Sie für Ihre Reden regelmäßig zurückgreifen können.

Werden Sie Sammler!

Straffe Reden sind das Ergebnis sammelfreudiger Redner.

Legen Sie sich einen Karteikasten an und schreiben Sie jede interessante Information auf eine Karte. Wenn Sie nun eine Rede vorbereiten, blättern sie diese einfach durch und schauen Sie, welche Fakten sich mit Ihrem Thema verbinden lassen. Statt eines Karteikastens funktionieren natürlich auch eine elektronische Lösung, eine Kladde oder andere Sammelmöglichkeiten. Wichtig ist nur, dass Sie Spaß mit Ihrer Sammlung haben, damit diese sich weiter vergrößert und aktuell bleibt.

Verwenden Sie den Stegreiftrick

Wenn Sie Ihre Rede vorbereiten, greifen Sie in Ihre Sammlung ungewöhnlicher Fakten. Mit dem Stegreiftrick lassen sich diese Fakten mit zahlreichen anderen Themen verbinden.

Dazu gibt es eine lustige kleine Übung: Lassen Sie die Seiten eines Dudens über Ihren Daumen laufen und zeigen Sie dann spontan auf ein Wort. Für das zweite Wort gehen Sie anschließend genauso vor. Jetzt halten Sie eine kurze Stegreifrede, die das erste Wort am Anfang und das zweite Wort am Ende einbezieht. Nehmen wir an, Sie haben die Wörter „Flöhe" und „Nährboden" erwischt.

Assoziieren Sie Bilder

Jetzt helfen wieder Bilder weiter, denn jedes Wort löst eine Welle von Assoziationen aus. Diese unterstützen Sie dabei, zur Bilderwelt des anderen Begriffs zu gelangen. Jeder Mensch hat bei jedem Wort andere Assoziationen. Wie wäre es mit diesen:

Bilder, die beim Wort „Flöhe" entstehen:	Jucken, Kratzen, Krabbeltiere, Strohmatratze, Mittelalter, Flohmarkt, Geld …
Bilder, die beim Wort „Nährboden" entstehen:	Petrischale, Schimmel, Labor, Pilze, Experimente …

Verbinden Sie die Bilderwelten

Vielleicht haben Sie andere Bilder, die sind genauso richtig. All diese Bilder helfen nun, die beiden Begriffe spontan in einer kurzen Rede zu verbinden:

„Früher, als Kind, dachte ich immer, dass es auf Flohmärkten wirklich Flöhe gibt. Diese Idee war vielleicht gar nicht so weit hergeholt, denn bei all den alten Sachen, die dort verkauft werden, hat es – zumindest früher – sicher mal den einen oder anderen Floh gegeben, der mitverkauft wurde. Und so manche alte Strohpuppe ist sicherlich auch Nährboden für Pilze, Schimmel und eben auch Ungeziefer."

Und schon hat die Mini-Stegreifrede beide Begriffe in einen gemeinsamen Zusammenhang gebracht. Das gleiche Prinzip gilt, wenn Sie ungewöhnliche Fakten mit Ihrem eigentlichen Redethema verbinden wollen: Es gibt immer eine Schnittstelle oder einen logischen Anschluss. Übrigens eignet sich dieser Trick besonders gut für Ihren Redeanfang: Wenn Sie mit ungewöhnlichen Fakten einsteigen, die auf den ersten Blick nichts mit Ihrem angekündigten Thema zu tun haben, fragen sich die Zuhörer, was das mit Ihrem Thema zu tun hat und werden neugierig.

Seite 61

„Jeden Tag werden Sie mit 4.500 Werbekontakten konfrontiert. Wenn Sie acht Stunden pro Tag schlafen, dann erleben Sie in den restlichen sechzehn Stunden viereinhalb Werbebotschaften pro Minute. Das fängt mit dem Radiowecker und der Aufschrift auf der Zahnpastatube an, geht weiter in der Straßenbahn, beim Einkaufen oder im Internet und endet abends bei Fernsehen und Chipstüte: Werbebotschaften, wohin das Auge und das Ohr reichen. Selbst auf einer einsamen Insel dürfte die Flaschenpost mit einer Coca-Cola-Flasche an Land gespült werden. Nicht ohne Grund sprechen Fachleute häufig von Reizüberflutung. Permanent werden wir gezwungen, Entscheidungen für oder gegen etwas zu fällen. Unser Gehirn muss permanent nützliche von weniger nützlichen Botschaften trennen. Und die Werbung ist nur ein Beispiel für die vielen Informationen, die den ganzen Tag lang auf unser Gehirn einwirken. All diese Dinge lenken uns immer wieder ab. Vor allem jungen Menschen fällt es schwer, zwischen relevanten und weniger relevanten Informationen und Ablenkungen zu entscheiden. Das macht sich bei der Konzentration bemerkbar. Und so ist ein Hauptproblem in den Schulen, das Interesse der Schüler auf den Unterrichtsstoff zu lenken. Wir haben ein Lernsystem entwickelt, das hier weiterhilft …"

Beispiel

Straffe Reden verbinden Alltägliches und Ungewöhnliches mit den Themen des Redners.

Auf die gleiche Weise lassen sich zwei Themen miteinander verbinden, die auf den ersten Blick nichts miteinander zu tun haben. Auch hier spielen Assoziationen wieder eine große Rolle. Sie helfen, Themen des Alltags mit den eigenen Themen zu verbinden. Da ist es auch durchaus möglich, ein Beispiel, das zum Schmunzeln anregt, mit einem ernsthafteren Thema zu verbinden:

Beispiel

*„Ein Engländer, der sich in Deutschland bewegt, wird beim Anblick mancher Geschäfte sicherlich schmunzeln. Er wird feststellen, dass es in einem Angel*shop *keine* Engel *gibt. Er wird lernen, dass ein Back*shop *kein* Hinter*laden ist. Und er wird sicherlich darüber erleichtert sein, dass es im Rats*keller *keine* Ratten *gibt. Zumindest in den meisten.“* – Pause – *„Wie soll er auch wissen, wann das deutsche und wann das englische Wort gemeint ist? Denn immer häufiger treffen im deutschen Sprachgebrauch zwei Sprachen in einem Wort aufeinander. Und so manches vermeintlich englische Wort kennt er überhaupt nicht. Wenn er das Wort* Beamer *hört, denkt er vielleicht an Star Trek. Für ihn aber heißt das Gerät, das gemeint ist,* digital projector. *Und auch das Wort* Handy *hat er noch nie gehört. Im Englischen spricht man vom* mobile phone. *Was wir für Englisch halten, muss noch lange kein Englisch sein. Wir Deutsche wissen, dass es in einem Angelshop Angeln gibt, weil wir das deutsche Wort kennen. Wir leben in unserer eigenen Sprache, wissen es richtig zu interpretieren. Und genau das macht es schwierig, die Perspektive desjenigen einzunehmen, der eine andere Muttersprache spricht. Genauso schwierig ist es für einen Sehenden, die Perspektive eines Blinden einzunehmen. Oder für einen Gesunden, die eines Kranken zu verstehen. Unsere Aufgabe als Pflegedienst ist es daher im Besonderen, uns intensiv mit der Perspektive unserer Patienten und Kunden auseinanderzusetzen. Denn nur dann können wir entscheiden, was sie wirklich brauchen. Was sie sich wünschen. Wie unsere Kunden gepflegt werden sollten.“*

Straffen Sie Ihre Zahlen

Viele Redner meinen, vor allem mit einer Vielzahl von Zahlen überzeugen zu müssen. Das hat nicht selten zur Folge, dass ganze Zahlentapeten per PowerPoint an die Wand geworfen werden. Zuhörer, die mit einer Vielzahl solcher Charts regelrecht erschlagen werden, haben gar keine andere Chance, als irgendwann innerlich abzuschalten. Das Gehirn ist nicht in der Lage, all diese Zahlen aufzunehmen, geschweige denn sich zu merken. Vielmehr ist es die Aufgabe des Redners, diese Zahlen so darzustellen, dass sie im Zuhörer irgendetwas auslösen. Andernfalls rauschen sie durch die Gehirne der Zuhörer hindurch, ohne eine Spur zu hinterlassen.

Zahlen wirksam einsetzen

„Wie Sie an der Grafik erkennen können, haben wir einen jährlichen Zuwachs von vier Prozent gegenüber einem gewünschten Zuwachs von zehn Prozent. Das heißt, dass die Differenz von sechs Prozent, die sich hier zeigt, genau der Bereich ist, der überwunden werden muss. Ich habe Ihnen das hier noch einmal detailliert aufgeführt:" – nächste Grafik – *„Besonders in den Monaten März und April haben wir einen deutlichen Rückgang des Zuwachses zu verzeichnen, hier befinden wir uns sogar neun Prozentpunkte unterhalb der gewünschten Linie …"*

Ein Redner, der so tief ins Detail geht, darf sich nicht wundern, wenn die Aufmerksamkeit seiner Zuhörer immer mehr nachlässt. Für ein Handout sind solche detaillierten Darstellungen wunderbar, aber nicht für einen Vortrag. Denn die Zahlen selbst sind nicht die Aussage. Der Redner liefert die Aussage, die Zahlen sind allenfalls das Beiwerk, um diese Aussagen zu unterstützen.

Reden straffen widerspricht Zahlenschlachten. Nur die wichtigsten Zahlen herausgreifen, diese in einen Zusammenhang bringen und eindeutig bewerten.

„Ich habe mir die aktuellen Zahlen intensiv angeschaut. Das Ergebnis ist wenig erfreulich: Der Zuwachs reicht nicht aus. Es ist einfach zu wenig. Und am schlimmsten läuft es bei uns in den Monaten März und April. Zehn Prozent Zuwachs wollen wir haben. In diesen beiden Monaten schaffen wir gerade mal" – Pause – *„ein einziges Prozent. Wir sind zum Handeln gezwungen – sofort!"*

Schauen Sie sich Ihre Grafiken und Zahlenkolonnen genau an: Was sind die wirklich wichtigen Zahlen, anhand derer Sie etwas zeigen können? Worauf kommt es wirklich an, was können Sie getrost weglassen? Denn viel wichtiger als all die Zahlen sind die Aussagen, die Sie als Redner dazu machen.

Straffe Reden geben Zahlen eine Interpretation: „Was bedeuten diese Zahlen wirklich?"

Argumentieren Sie mit Zahlen

Allgemeine Aussagen werden stichhaltiger, wenn Sie diese mit Zahlen untermauern. Die Aussage „Unsere Intuition kann uns zu Fehlentscheidungen verleiten" können Sie als Zuhörer einem Redner glauben oder auch nicht. Wenn Sie eine solche Aussage aber mit Zahlen untermauern, dann ist die Wirkung beim Zuhörer ungleich größer.

„Der Anschlag am 11. September 2001 auf das World Trade Center in New York wurde mit Flugzeugen durchgeführt. Anschließend trauten sich viele US-Amerikaner nicht mehr, per Flugzeug zu reisen. Daher war eine Folge des Attentats: Viele stiegen lieber auf das Auto um. Im Jahr 2001 gab es in den USA 1.595 mehr Tote im Autoverkehr als in dem Jahr davor. Das waren noch einmal halb soviel Tote wie beim Attentat in New York selbst. Die Menschen hatten das Auto bevorzugt. Dabei sagt jede Statistik deutlich aus: Fliegen ist wesentlich ungefährlicher als die Fahrt mit dem Auto.[11] Ihre Intuition aber hatte diese Menschen zu einer Fehlentscheidung geführt."

Mit dem gleichen Verfahren habe ich die allgemeine Aussage, dass unstraffe Reden Geld kosten, durch Zahlen anschaulich gemacht. Bei Zahlen ist es wie mit ungewöhnlichen Fakten: Sammeln Sie Beispiele, um diese zur Unterstützung Ihrer Aussagen einzusetzen!

Seite 14
Seite 84

Der Arzt setzt ein wichtiges Gesicht auf und schaut in die vollbesetzten Zuschauerreihen vor ihm. „Wir haben mit unserer Heilmethode mehr Erfolg als andere. Wir haben jedes Jahr 35 Patienten, die als geheilt gelten." Der Arzt macht eine Pause – das Publikum rührt sich nicht.

Liefern Sie Vergleichszahlen

Die Wirkung seiner Aussage ist deshalb gleich null, weil die Zuhörer nichts mit der Zahl anfangen können. Woher sollen sie wissen, dass das wirklich viel ist? Dabei kann der Arzt die Wirkung seiner Aussage dramatisch erhöhen: Er setzt seine Zahl in einen Vergleich:

„Wir haben mit unserer Heilmethode mehr Erfolg als andere. Im Durchschnitt kann man mit einer Erfolgsquote von etwa 20 Prozent rechnen. Das wären bei uns zehn Patienten pro Jahr, die als geheilt gelten. Wir haben seit fünf Jahren dank der neuen Heilmethode mindestens" – Pause – *„35 Patienten, die als geheilt gelten." Der Applaus im Saal brandet auf.*

Merken Sie, wie die vorher ausformulierte Vergleichszahl der eigentlichen Zahl einen ganz anderen Stellenwert gibt? Die Zuhörer bekommen vom Redner aktiv vorgerechnet, wie die Zahl auf sie wirken soll. Eine ebenso hohe Wirkung erzielt die Pause, die sie vor Ihrer eigenen Zahl machen. Den höchsten Effekt erzielen Sie, wenn Sie erst die Vergleichszahl und danach Ihre eigene Zahl nennen.

Um diese Vergleichszahlen zu finden, gibt es verschiedene Möglichkeiten: Sie können den normalen Durchschnitt gegen Ihre eigenen Zahlen setzen. Oder Sie schauen sich in Ihrer eigenen

Branche um: Was ist dort üblich oder normal? Oder was hatten Sie im Vorfeld erwartet?

Sie entscheiden: groß oder klein?

Sie können Ihre Zahl größer oder kleiner wirken lassen, das ist ganz von der Wahl Ihrer Vergleichszahl abhängig. Dabei spielt es keine große Rolle, wo Sie die Zahl herholen. Wichtig ist vielmehr der Effekt, den diese Zahl auf Ihre eigene hat. So könnte der Arzt aus dem obigen Beispiel an anderer Stelle sagen:

„Wir haben im letzten Jahr erwartet, dass 30 unserer Patienten die Behandlung vorzeitig abbrechen würden. Doch tatsächlich waren es nur" – Pause – *„fünf. Die Erfolge der anderen Patienten haben nahezu alle weitermachen lassen!"*

Sie als Redner nehmen Einfluss darauf, welche Wirkung die Zahl in den Köpfen Ihrer Zuhörer erzeugen soll. Bei jeder Zahl in Ihren Vorträgen sollten Sie sich immer bewusst machen, dass nur Sie für die Wirkung verantwortlich sind – niemand sonst. Eine Zahl allein wirkt so gut wie nie.

Operation Zwille

Mit Inhalt wirken:

Sammeln Sie ungewöhnliche Fakten, Zitate, Anekdoten oder Zahlen und binden Sie diese in Ihre Reden ein.

Mit Spannung begeistern:

Mit dem Stegreiftrick können Sie all diese verblüffenden Informationen mit Ihrem Redethema verbinden. Das funktioniert am Anfang Ihrer Rede ebenso gut wie mittendrin oder als Überraschungseffekt am Ende.

Lassen Sie Ihren Körper wirken

Viele Lehrbücher listen auf, was Redner tun sollten und was nicht. Nicht selten werden auch in manchen Seminaren Verhaltensweisen und Bewegungsabläufe regelrecht antrainiert. Ich habe beobachtet, dass das bei vielen Rednern die Angst vor ihrem Auftritt nur weiter fördert. Plötzlich müssen sie neben ihrem Text auch noch einstudierte Gesten und Haltungen beachten, die ihre Worte unterstützen sollen. Das Ergebnis ist, dass aus dem Reden vor Publikum eine nicht mehr zu bewältigende Angstaufgabe wird.

Wenn Sie sich locker mit jemandem unterhalten, denken Sie dann über Ihre Gesten nach? Diese entstehen von ganz allein, spontan, passend zum Erzählten. Das liegt daran, dass Sie im Gespräch meistens über Dinge sprechen, die Sie selbst etwas angehen. Je mehr Sie in Ihren Reden über Dinge sprechen, die Sie persönlich berühren, umso natürlicher werden auch Ihre Gesten dazu passen. Wenn Sie sich unsicher sind: Fragen Sie andere. Fällt denen etwas auf? Stört sie etwas? Das kann helfen.

Vertrauen Sie Ihrem Körper

Die Kamera lief, während ein Teilnehmer seinen Vortrag hielt. Die ganze Zeit über hatte er eine Hand tief in die Hosentasche seines Anzugs gesteckt. Anschließend sahen wir uns die Aufnahme an. Irgendwann frage ich: „Stört Sie irgendetwas?" Der Teilnehmer schüttelt den Kopf. Da es ein Inhouse-Training ist, melden sich sofort seine lieben Kollegen lautstark zu Wort: „Du hast die Hand in der Hosentasche, das macht man doch nicht!" Er zuckt nur mit den

Beispiel

Schultern. „Ich finde, das sieht lässig aus." „In Ordnung", antworte ich, „jetzt achten Sie aber bitte mal auf die Hand in Ihrer Hosentasche." Tatsächlich hatte er mit seiner Hand in der Tasche die ganze Zeit über gewackelt, was durch den weichen Fall des Stoffes gut zu erkennen war. Er sieht das zum ersten Mal, wird sich überhaupt darüber bewusst. Er wirkt bestürzt. Ich sage: „Wissen Sie, ich bin ja eine Frau, ich kenne mich nicht so aus. Aber wenn ich einen Mann vor mir sehe mit der Hand tief in der Hosentasche – dann kommt mir immer wieder dieser eine Gedanke: Kommt er dran oder kommt er nicht dran …?" Beim nächsten Vortrag ist die Hand aus seiner Hosentasche verschwunden. Und nicht nur das: Die Nervosität, die er dort mit Zappeln abgearbeitet hatte, mündet nun in großen Gesten: Seine Hand ist ja endlich frei! Ich hatte ihm nicht gesagt, er solle seine Hand nicht in die Hosentasche stecken. All das funktionierte plötzlich, weil dieser Redner die Zuschauersicht eingenommen hatte. Er stellte fest, dass das gar nicht so cool wirkte, wie er es sich gedacht hatte. Eine „Nicht-Anweisung" hätte sein Gehirn lange nicht so gut verarbeitet – die Hand wäre immer wieder zur Hosentasche zurückgekehrt. So aber wurde sein Verhalten von einer unbewussten Ebene aus gelenkt, da diese jetzt die wahre Wirkung auf andere kannte.

Schauen Sie selber hin

Werden auch Sie sich über Ihre eigene Wirkung bewusst: Lassen Sie jemanden Ihre Vorträge mitfilmen. Das braucht kein großer Aufwand zu sein, selbst Handys verfügen mittlerweile über die Möglichkeit, Videos aufzunehmen. Es geht nur darum, dass Sie einen Eindruck von sich selbst bekommen. Achten Sie dann auf Ihre Körperhaltung, Ihre Stimme, Ihre Betonungen. Haben Sie bestimmte sprachliche Eigenarten? Wie wirken diese? Fällt Ihnen bei dem Gesagten etwas auf? Wollen Sie daran etwas ändern? Wenn ja, was? Diese Wirkung, die Sie selbst auf sich als Zuhörer haben, wird in Ihrem Unterbewusstsein gespeichert. Das erhöht die Chance, dass Sie vielleicht schon beim nächsten Mal eine andere Wirkung erzeugen.

Setzen Sie Ihren Körper auch bewusst ein

Das heißt natürlich nicht, dass Sie Ihren Körper manchmal nicht auch bewusst einsetzen können und sollten. Keine Regel ist absolut. Und so gibt es Fälle, in denen bewusstes Einsetzen von Gesten sogar eine besondere Wirkung haben kann – zum Beispiel bei der Hand-hoch-Abfrage:

Beispiel

Gerade ging es im Seminar darum, mit welchen Verhaltensweisen Menschen selbstbewusst wirken können. Plötzlich kommt die Frage auf: „Ja, aber wirkt man, wenn man so selbstbewusst ist, nicht auch arrogant?" Spontan mache ich aus meiner Antwort eine Hand-hoch-Abfrage: „Wer von Ihnen, die Sie mich ja schon den ganzen Tag erleben, würde sagen, dass ich selbstbewusst bin? Bitte Hand hoch!" Dabei strecke ich selbst die Hand nach oben. Zwanzig Hände von zwanzig Teilnehmern folgen meinem Beispiel. Ich frage: „Und wer von Ihnen, die Sie mich ja schon den ganzen Tag erleben, empfindet mich als arrogant? Bitte Hand hoch!" Diesmal lasse ich meine eigene Hand unten. Von zwanzig Teilnehmerhänden geht keine nach oben. Ich sage: „Damit ist Ihre Frage wohl beantwortet." Selbst wenn ein Teilnehmer die Hand lieber hätte heben wollen, um mir Arroganz zu bescheinigen: Durch meine Körpersprache wurde er unbewusst davon abgehalten. Ich machte es nach der zweiten Frage nicht vor, also konnte es auch nicht spontan nachgemacht werden. Die Hemmschwelle wäre zu hoch gewesen.

Es kostet auch Ihre Zuhörer Überwindung, sich gegen Ihre Körpersprache zu entscheiden. Wenn Sie Hand-hoch-Abfragen einsetzen, nutzen Sie daher ganz bewusst Ihre Körpersprache und geben Sie vor allem eine klare Anweisung mit den Worten: „Bitte Hand hoch!" Sagen Sie Ihren Zuhörern, was sie zu tun haben. Zuhörergehirne akzeptieren Anweisungen von Rednern. Unterbewusst werden Sie damit bei Ihren Zuhörern obendrein zum Meinungsführer.

Weg mit dem Rednerpult

Damit Ihr Körper hundertprozentig wirken kann, sollten die Zuhörer ihn auch sehen können. Das widerspricht der Verwendung des bei vielen Rednern so geliebten Rednerpults.

„Ich brauche das Rednerpult. Daran kann ich mich festhalten, und das Mikrofon befindet sich auch dort. Außerdem kann ich da mein Redemanuskript hinlegen. Und irgendwie habe ich immer das Gefühl, dass ich dahinter geschützt bin …"

Befürchten Sie, mit Tomaten beworfen zu werden? Dann hätte das vielleicht noch einen Sinn. Der Zuhörer empfindet vielmehr unbewusst, dass Sie sich hinter dem Rednerpult verstecken. *Haben* Sie etwas zu verstecken?

Machen Sie bei Gelegenheit folgenden Test: Sprechen Sie ein paar Worte an einem Rednerpult, dann sprechen Sie die gleichen Worte abseits des Rednerpults. Lassen Sie das jemanden fotografieren oder filmen – zum Beispiel mit einem Handy – und schauen Sie sich dann die Aufnahmen an: Welche Variante wirkt auf Sie in Ihrer jetzigen Rolle als Zuschauer sympathischer, offener, freier? So geht es dann auch *Ihren* Zuhörern.

Bewegen Sie sich frei

Nutzen Sie also jede Möglichkeit, sich vor Publikum bewegen zu können. Nehmen Sie das Mikrofon in die Hand. Lassen Sie sich bei größerem Publikum ein Headset mit Funkmikro zur Verfügung stellen. Dann schränkt Sie nichts mehr ein, denn Sie haben sogar die Hände frei.

Straffe Redner gehen auf ihr Publikum zu, sie weichen nicht zurück. Stellen Sie sich in Gedanken vor, Sie würden Ihre Zuhörer umarmen wollen. Stellen Sie sich innerlich positiv auf Ihr Publikum ein, dann werden Ihre Zuhörer Sie auch ebenso wahrnehmen.

Und keine Sorge, was das Redemanuskript angeht: Für straffe Redner ist ein ausformuliertes Manuskript ohnehin tabu. Es reicht, wenn Sie Ihre Notizen auf kleinen Redekarten in der Hand halten. Das kommt auch der Frage vieler Redner entgegen: Wohin mit den Händen? Sie können sich an der Redekarte festhalten.

Seite 99

Straffe Reden à la carte

So ziemlich alles spricht gegen ausformulierte Manuskripte. Frei gesprochen wird Ihr Vortrag zu einer Rede und ist keine „Lese" mehr. Viele Redner stecken tief in der Perfektionsfalle und trauen sich deshalb die freie Rede nicht zu. Die vermeintliche Sicherheit, die Ihnen ein ausformuliertes Manuskript gibt, macht Sie aber völlig unfrei. Sicher, bei einer frei gesprochenen Rede besteht die Gefahr, dass Sie anders ausfallen könnte, als Sie sich das vorher vorgestellt haben. Aber wie gesagt: Das wissen nur *Sie*. Steigen Sie aus der Perfektionsfalle aus und haben Sie Mut zur Lücke!

Raus aus der Perfektionsfalle!

> Straffe Reden werden so gesprochen, wie es dem Redner gerade in den Sinn kommt. Stichworte reichen, um auf der Spur zu bleiben.

Sicherheit dafür, dass Sie den Faden nicht verlieren, können Sie sich aus Ihren Redekarten nehmen. Darauf notieren Sie nur Stichworte, die Ihnen zeigen, in welcher Reihenfolge Sie ihre Geschichten, Beispiele und Zahlen bringen werden. Für Dinge, die Sie selbst erlebt haben, brauchen Sie nur kurze Hinweise, das reicht. Vertrauen Sie ein Stück weit auf Ihre Spontaneität. Im Gespräch lesen Sie ja auch keine Texte ab, oder …?

Zusätzlich können Sie auf Ihrer Redekarte „Regieanweisungen" notieren, beispielsweise wenn Sie eine Hand-hoch-Abfrage planen oder eine Denkfrage stellen wollen.

Ausformulierte Sätze dagegen sollten nur in absoluten Ausnahmen auf der Redekarte auftauchen. Diese Ausnahmen sind ausschließlich Zitate und gegebenenfalls der Schlusssatz.

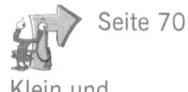

Seite 70

Klein und individuell

Je kleiner Ihre Redekarten, umso größer ist die Chance, dass Sie sich wirklich nur auf Stichworte beschränken. Auch ein etwas dickerer Stift hilft, so wenig wie möglich zu notieren. Karteikarten haben sich als Redekarten bewährt. Ganz wichtig: Wenn Sie mehrere Redekarten haben, schreiben Sie sich Seitenzahlen darauf. Sollte Ihnen der Stapel mal hinfallen – im schlimmsten Fall auch noch kurz vor Ihrem Vortrag –, entwickelt sich das nicht gleich zu einer Katastrophe.

In diesem Buch gibt es verschiedene kurze Redeausschnitte. Zu zweien biete ich Beispiele für die dazugehörigen Redekarten an:

Seite 84 Einmal in einer längeren Fassung, falls dem Redner das Thema noch nicht so geläufig ist. Zum anderen in einer ganz kurzen Fassung, falls der Redner die Fakten sehr gut im Kopf hat beziehungsweise diesen Part seiner Rede schon oft gehalten hat und entsprechend gut kennt.

Seite 85 Das erste Redekarten-Beispiel bezieht sich auf das kurze Ratespiel mit dem großen Wasserwürfel und dem anschließenden Übergang zum Thema Schulden:

Beispiel **Wasserwürfel**

1 km Kantenlänge
100 Liter Wasser / sec.

→ 317 Jahre

Unvorstellbar!

= Milliarden Euro Schulden

Beispiel **Wasserwürfel**

1 km / 100 l / sec 317 Jahre

→ **Schulden!**

Das zweite Redekarten-Beispiel stellt die Grundlage für die Hand-hoch-Abfrage zum Verlust von Portemonnaie und Handy dar und leitet dann über zu den Werten des eigenen Vereins:

Seite 85

Hand hoch:
Portemonnaie verloren?
Hand hoch:
Handy verloren?

Meldung:
Portemonnaie nach
26 Stunden
Handy nach 69 – Minuten!

Handy = Kühlschrank
= fließendes Wasser
= selbstverständlich

= wertschätzend
    miteinander umgehen

Verein = Werte sichtbar
machen!

HH: Portemonnaie?
HH: Handy?

26 Stunden / 69 Minuten

→ Wertschätzen!
→ Verein!

In diesem Buch findet sich ein weiteres Beispiel, bei dem auch Zahlen und Symbole auf der Redekarte aufgeführt werden.

Seite 109

Wie Sie konkret Ihre Redekarten letztlich gestalten, ist natürlich Ihnen überlassen. Finden Sie heraus, inwieweit Ihnen verschiedene Farben und Symbole helfen können, um Ihre eigenen Redekarten zu optimieren, denn solche optischen Merkmale und Anker liebt das Gehirn. Welche Stichpunkte brauchen Sie, um Ihre Geschichten und Beispiele so zu erzählen, dass Sie selbst damit zufrieden sind? Hier gibt es kein Patentrezept, hier ist wieder Übung gefragt. Experimentieren Sie, probieren Sie aus, umso schneller werden Sie Ihren eigenen Redekartenstil finden.

Die Redekarte ist nur eine Gedächtnisstütze für den Redner, damit dieser sich absichern kann, die wichtigsten Fakten erwähnt zu haben. Wichtig beim Umgang mit ihr ist: Der Redner sucht sich seine Stichworte, *während* er spricht. Pausen macht er immer mit Blick ins Publikum, nicht mit Blick auf die Redekarte. Beobachten Sie die Profis, beispielsweise im Fernsehen den Moderator Günther Jauch: Auch er hat meist Redekarten in der Hand, doch die Zuschauer nehmen diese kaum wahr, weil er immer nur kurz darauf schaut – und zwar stets *während* des Sprechens!

Reden lernt man durch reden.
Marcus Tullius Cicero

Alte Reden –
neu gestrafft

Für Neulinge in Sachen Redenstraffen ist es sicherlich einfacher, anhand bereits fertiger Vorträge das Straffen zu lernen und umzusetzen. Das grobe Material steht damit ja schon, jetzt ist der Feinschliff gefragt. Dazu gehört ein bisschen Mut, manche Dinge einfach loszulassen und viele Argumente erst gar nicht zu erwähnen. Dazu ist es nie zu spät, wie das folgende Beispiel beweist:

Mein Auftraggeber hatte ein Projektteam im Auftrag einer IT-Firma zusammengestellt, das sich an einer Millionen Euro schweren Ausschreibung beteiligt hatte. Jetzt war das Team eingeladen worden, sich mit seinem Angebot zu präsentieren. In nächtelanger Arbeit hatten mein Kunde und einige aus dem Team eine – immerhin nur – 16-seitige PowerPoint-Präsentation gebastelt. Einen Tag vor dem Gruppencoaching wurde sie mir zugemailt. Am übernächsten Tag war schon die große Präsentation. Bei der Lektüre der Präsentationsunterlagen erstarrte ich: Was man auch falsch machen konnte bei einer solchen PowerPoint-Präsentation – hier war es drin! Viel zu viel Text, verwirrende Grafiken, Abkürzungen und jede Menge umständliche Fachbegriffe. Auf jeder Seite das Firmenlogo, das ebenfalls Leseenergie frisst, ausformulierte Sätze, die einfach danach schrien, vom Vortragenden nur abgelesen zu werden ... Wie sollten wir das an einem einzigen Tag noch retten? Wir gingen die gesamte Präsentation durch und machten einen Probelauf mit allen Teammitgliedern. Einige brachen ihren Part ab, weil sie noch überhaupt keine Idee davon hatten, was sie da eigentlich präsentierten. Andere klebten mit den Augen an den Charts fest, die an die Wand gewor-

Straffen geht immer

Beispiel

fen wurden. Dabei drehten sie dem Publikum nahezu durchgehend den Rücken zu. Wieder andere sprachen leise und wirkten völlig verunsichert. Das war kein Team, dem man einen Auftrag anvertrauen konnte. Alles wurde mit der Kamera festgehalten und nach jedem einzelnen Beitrag intensiv besprochen. Anschließend überarbeitete jeder seinen Beitrag, bereitete sich erneut vor, und wir wiederholten das Ganze mitsamt Kamera. Das Ergebnis war verblüffend: Das Team hatte sich plötzlich selbst davon überzeugt, ein Team zu sein. „Das hört sich so an, als sei das schon das Kick-off und wir hätten den Auftrag bereits in der Tasche", brachte es ein Teammitglied auf den Punkt.

Die Tricks, die wir umgesetzt hatten, waren denkbar einfach, die Wirkung war enorm:

Seite 47
Seite 99

- *Aus Formulierungen wie „Wir sind eigentlich schon die richtigen Partner für Sie" wurden selbstbewusste Aussagen wie „Wir sind die Richtigen für Sie". Weich machende Formulierungen wurden abgelöst von selbstbewussten Feststellungen.*

- *Jeder Vortragende hatte kleine Kärtchen mit Notizen in der Hand und sprach dadurch ausschließlich Richtung Publikum – ohne sich ein einziges Mal zur PowerPoint-Präsentation umzudrehen!*

Seite 40

- *Immer, wenn das nächste Teammitglied nach vorne trat und sich persönlich vorstellte, war hinter ihm ein reiner Blackscreen an der Wand – nichts lenkte in diesem Moment von seiner Selbstvorstellung und von ihm als Mensch ab.*

Seite 32

- *Für die jeweiligen persönlichen Vorstellungen hatten wir konkrete Beispiele von früheren, erfolgreich durchgeführten Projekten gefunden, die die Teammitglieder nun als Erfolgsgeschichte verkauften und die zum geplanten Projekt inhaltlich wunderbar passten.*

- *Erst wenn ein Teammitglied auf seinen Part innerhalb des zu erwartenden Auftrags einging, wurde sein PowerPoint-Chart an die Wand geworfen.*

Seite 32

- *Die Charts waren zwar immer noch voll, aber die Redner konzentrierten sich auf einige wenige Punkte und präsentierten diese anschaulich anhand von konkreten Fallbeispielen, statt sie einfach nur aufzuzählen.*

- *Im Schlusssatz brachte der Teamleiter in wenigen knackigen Aussagen auf den Punkt, dass das Team parat stand und jederzeit anfangen konnte.*[12]

Seite 70

Und wenn es sprichwörtlich im letzten Moment ist: Nutzen Sie jede Chance, Ihre Rede zu straffen. Egal an welcher Stelle.

Dennoch ist eines der Hauptargumente vieler Redner: „Ich habe keine Zeit, meine Reden zu straffen." Kein Wunder. Überlegen Sie mal, wie viel Zeit oft allein damit verschwendet wird, bei Power-Point-Präsentationen die vielen Bilder, Schriftarten und Effekte einzubauen. Diese Zeit könnten Sie wesentlich besser nutzen, um sich wenigstens einen pfiffigen Einstieg oder einen knackigen Schlusssatz zu überlegen.

Zeit ist kein Argument

Seite 59

Ebenso viel Zeit wird häufig verschwendet, indem möglichst alle Aspekte zusammengesammelt werden, die die eigenen Argumente unterstützen. Die Mühe können Sie sich sparen. Ein oder zwei Aspekte reichen völlig aus, dazu überlegen Sie sich anschauliche Beispiele. Das geht möglicherweise sogar schneller, macht viel mehr Spaß beim Vortragen und hat eine höhere Wirkung beim Zuhörer.

Straffen heißt auch streichen!

Dass der Mensch sprechen kann, ist noch lange keine Ausrede dafür, dass er auch Reden hält. Dazu sollte er auch etwas zu sagen haben. Klingt hart? Ist auch so gemeint. Unzählige Zuhörer, die sich häufig vollgetextet fühlen, stimmen mir insgeheim hier sicherlich gerne zu. Denn unverändert hält sich immer noch der Glaubenssatz bei vielen Rednern: Viel hilft auch viel.

Ein Grashalm wächst auch nicht schneller, wenn man daran zieht – genauso wird eine Rede nicht besser, indem Sie diese künstlich in die Länge ziehen, mit noch mehr Aspekten, Argumenten und Zahlen aufpumpen. Zuhörer werden nicht selten mit völlig überfrachteten Vorträgen und Reden konfrontiert. Leider ist die

Wirkung dann eine völlig andere, als der Redner sie gewünscht hat: Die Zuhörer sind nicht von der Kompetenz des Redners begeistert, sondern werden von der Masse an Informationen erschlagen. Das lässt den Redner in keinem guten Licht erscheinen. Denn die Zuhörer werden sich weniger an die Inhalte als an die Anstrengung erinnern, die sie aufbringen mussten, um dem Vortrag zu folgen.

Sagen Sie weniger – aber davon viel Wenn Zuhörer eine Rede hören, bleibt vom Inhalt am Ende nur wenig hängen. Die Faustregel könnte hier ohne Weiteres lauten: Je mehr Inhalte sie hören, umso weniger bleibt hängen. Sie kennen das sicher aus geselligen Runden: Da wird ein Witz nach dem anderen gerissen, am liebsten würden Sie sich gleich alle auf einmal merken. Aber meistens bleiben nur ein oder zwei in Ihrem Gedächtnis hängen, die anderen sind so schnell vergessen wie Sie sie gehört und darüber gelacht haben. Genauso ist es mit Reden: Die Zuhörer merken sich vielleicht ein oder zwei Aussagen, ein oder zwei Beispiele, ein oder zwei Fakten. Mehr nicht. Der Rest ist Wirkung.

Seite 20

Seite 29 Straffe Reden berücksichtigen diesen Effekt. Sie liefern wenige Fakten, aber diese anschaulich und bildstark. Fertige Reden straffen Sie, indem Sie das streichen, was Ihnen selbst schon lästig oder langweilig erscheint. Denn dass Ihnen diese Stellen so vorkommen, hat sicher einen Grund: Wenn es schon in Ihnen negative Gefühle auslöst, wie mag es dann erst Ihren Zuhörern gehen?

Bleiben Sie hängen? Machen Sie einen Probedurchlauf mit Ihrem Vortrag: Wenn Sie an irgendeiner Stelle hängen bleiben, kann das ein Indiz dafür sein, dass Sie hier eine unstraffe Passage haben. Überlegen Sie, wie Ihnen diese Stelle leichter fallen könnte. Fehlt hier vielleicht ein anschauliches Beispiel? Wollen Sie zu viele Zahlen auf einmal präsentieren? Welche ist die wichtigste? Und wieder die Frage: Was können Sie weglassen?

Schauen Sie sich Ihre Präsentation an: Welche der dort zahlreich aufgeführten Argumente eignen sich am besten, um sie in anschauliche Beispiele umzuwandeln? Oder welche Argumente lassen sich durch anschauliche Zahlen verdeutlichen? Streichen Sie von vornherein alle Argumente, die Sie mit solchen Beispielen nicht unterstützen können. Denn ohne Geschichten, Beispiele, konkrete Zahlen werden diese Argumente keine Spur in den Köpfen Ihrer Zuhörer zurücklassen – sie werden einfach durch sie hindurchrauschen.

> Zum Redenstraffen nehmen Sie von zehn Argumenten immer nur das, was Sie am besten verbildlichen können. Alle anderen lassen Sie weg.

Bisweilen hat das Redenstraffen etwas vom Renovieren eines alten Hauses: Es reicht nicht, neue Tapete auf die Wände zu kleben oder nur den tropfenden Wasserhahn zu ersetzen. Manchmal müssen Sie die Wände aufschlitzen und alle Rohre ersetzen. Aber dann wissen Sie auch, dass Sie sich in Zukunft in diesem Haus wohlfühlen werden, denn Sie haben sich ausreichend Mühe gegeben. Genauso sollten Sie an Ihre Reden herangehen: Renovieren Sie von Grund auf, statt nur Flickwerk anzubieten. Das tut im ersten Moment weh – so wie bei der Hausrenovierung plötzlich Mehrkosten entstehen –, aber das Ergebnis ist wohltuend für Ihre Zuhörer.

Gehen Sie Ihre PowerPoint-Präsentation durch, Chart für Chart. Löschen Sie zuerst überall das Firmenlogo, die Seitenangaben, die verschiedenen Elemente Ihres Firmen-Corporate-Designs und alles andere, was nicht zum eigentlichen *Inhalt* Ihres Vortrags gehört. Jetzt schauen Sie auf Ihre Texte, Stichworte und Grafiken: Was können Sie weglassen? Was ist wirklich wichtig und was nur Wiederholung? Haben Sie jetzt wirklich pro Chart nur *eine* Botschaft oder *ein* Bild?

PowerPoint-Präsentationen straffen

Beachten Sie, dass pro PowerPoint-Chart nur eine Botschaft zu sehen oder zu lesen sein sollte. Und jedes Chart sollte innerhalb von zwei Sekunden erfassbar sein.

Ein PowerPoint-Chart, das sich selbst erklärt, macht den Redner überflüssig.

In straffen Reden dagegen wird der Redner noch gebraucht.

Beispiel | *Das PowerPoint-Chart des Finanzberaters sollte illustrieren, wie sich die Inflation auf den Wert von angespartem Vermögen auswirkt. Auf diesem Chart waren zu sehen: das Firmenlogo rechts oben, die Hauptüberschrift „Ausrichtung auf Markt und Gesellschaft", die Unterüberschrift „Zusätzlich lässt die Inflation den realen Wert des angesparten Vermögens deutlich schrumpfen!", eine weitere Überschrift „Beispiele zur Preissteigerung", dann die Texte „Briefporto 1965: 0,10 € – Briefporto 2005: 0,55 € → Faktor 5,5" und „Brötchen 1965: 0,03 € – Brötchen 2005: 0,25 € → Faktor 8,3". Unten war der Firmenname eingeblendet und links waren ein Briefumschlag und ein Brötchen zu erkennen. Mit allen Pfeilen, grafischen Elementen und Umrandungen hatte dieses Chart insgesamt gut 30 verschiedene Text- und Grafikelemente. Wenn der Redner mit diesem Chart vor seine Zuhörer tritt, haben diese schon alle Zahlen gelesen, bevor er mit dem Sprechen angefangen hat. Der Überraschungseffekt ist gleich null. Und die Texte lenken vom gesprochenen Text ab. Der ausformulierte Satz zwingt dem Redner nahezu auf, ihn wörtlich vorzulesen. Die inhaltliche Aussage der Bilder von dem Umschlag und dem Brötchen verdoppeln, ja verdreifachen sich durch den danebenstehenden Text. Logos, Umrandungen und Überschriften lenken außerdem von der Kernbotschaft ab, die der Zuhörer in all dem Gewimmel erstmal finden muss!*

 Seite 38

 Seite 41 | *Die Alternative, die sich hier anbot: Das Chart gleich komplett weglassen. Stattdessen nimmt der Redner einen echten Briefumschlag in die Hand. Er sagt: „1965 kostete der Versand dieses Umschlags umgerechnet ganze zehn Cent. Derzeit kostet der Versand 55 Cent." Dann nimmt der Redner ein echtes Brötchen in die Hand. „Ein Brötchen kostete 1965 umgerechnet ganze drei Cent. 2005 zahlten Sie für ein solches Brötchen mindestens 25 Cent – aber nur, wenn Sie nicht beim Bäcker nebenan kauften, sondern beim Billiganbieter. Das Verschicken eines Briefumschlages ist in 40 Jahren fast sechsmal so teuer geworden. Der Kauf eines Brötchens wurde innerhalb von 40 Jahren um über 800 Prozent teurer. Wenn Sie vor 40 Jahren Geld mit einem*

geringen Zinssatz angelegt haben, dann haben Sie heute weniger Geld als damals. Viel weniger. Und die Inflation wird auch in Zukunft weitergehen. Wir beraten Sie gerne, wie Sie der Inflation ein Schnippchen schlagen. "

Ist Ihnen aufgefallen, dass unter anderem der Begriff „Faktor" vom vorgegebenen Chart im zweiten Beispiel weggefallen ist? Das Wort Faktor ist ein sehr abstrakter Begriff, die Alternativen sind wesentlich anschaulicher und damit einfacher zu verstehen.

Seite 32

Viele Redner klammern sich an ihre vollgeschriebenen Power-Point-Charts, um ihren Text nicht zu vergessen. Dabei reicht im vorherigen Beispiel eine Redekarte mit nur wenigen Zahlen und Symbolen. Der Rest erklärt sich von selbst und kann frei gesprochen werden. Die Wirkung wird um ein Vielfaches gesteigert, der Vortrag ein gutes Stück gestrafft.

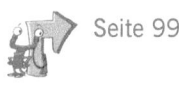
Seite 99

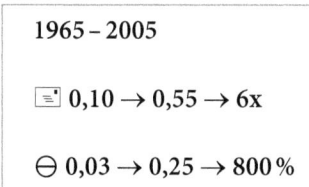

1965 – 2005

▤ 0,10 → 0,55 → 6x

⊖ 0,03 → 0,25 → 800 %

Um diese Renovierungsarbeiten an Ihren Vorträgen und Power-Point-Präsentationen gezielt vornehmen zu können, sollten Sie sich die Frage stellen: Mit welcher Botschaft sollen Ihre Zuhörer nach Ihrem Vortrag nach Hause gehen? Was ist das Eigentliche, was Sie sagen wollen? Sprich: Was ist Ihre Kernaussage?

Finden Sie die Kernaussage!

Um die Kernaussage zu finden, hilft die journalistische Denke: Stellen Sie sich vor, Sie sollen über den Inhalt Ihrer Rede eine Presseinformation schreiben. Die Grundregel lautet, dass die wichtigste Information nach oben gehört, unwichtigere Fakten gehören nach hinten. Was sollte in dieser Presseinformation in den ersten drei Sätzen gesagt sein, damit es Ihrer Rede gerecht wird? Damit kommen Sie der Kernaussage Ihrer Rede schon sehr nah.

Eine Kernaussage ist die Grundthese Ihrer Rede, die eigentliche große Idee, Frage, Aussage oder Botschaft. Und um diese These

Seite 81 ranken sich alle Beispiele, Geschichten, Zahlen. Haben Sie Mut zur Stellungnahme und zu einer eigenen Meinung!

Beispiele für Kernaussagen könnten sein:

- *„Unser Verein braucht neue Mitglieder, sonst wird es ihn in fünf Jahren nicht mehr geben."*
- *„Wir wollen Marktführer werden, an der Strategie dazu sollen alle mitarbeiten."*
- *„Fußball verbindet die Völker in der ganzen Welt. Das Erfolgskonzept, das dahintersteckt, kann auch unserer Firma weiterhelfen."*

Diese Kernaussagen brauchen nicht wörtlich in Ihrer Rede erscheinen. Wirkungsvoller ist es, wenn Sie sich überlegen, anhand welcher Geschichten, Beispiele, weniger Zahlen, Hand-hoch-Abfragen, Denkfragen und sonstiger Elemente aus der Operation-Zwille-Trickkiste Sie die Kernaussage transportieren können.

> Reden straffen muss ein Redner auch wollen – es zwingt den Redner dazu, eine Kernaussage zu finden!

PowerPoint verhindert Kernaussagen

Achtung, jetzt kommt eine knackige Aufrüttel-These:

> Wer mit langen PowerPoint-Präsentationen arbeitet, ist einfach nur zu faul, die Kernaussagen seiner Rede herauszufiltern.

Erwischt? Gerade PowerPoint verleitet dazu, alles, was Sie zu einem Thema wissen, hineinzustopfen. Alle Zahlen, alle Grafiken, sämtliche Aspekte, alle Forschungsergebnisse und was sich sonst noch so findet. Grundsätzlich ist es natürlich sinnvoll, wenn Sie sich erst einmal anschauen, was Sie alles zu Ihrem Thema haben. Aber das dürfen Sie nicht erschöpfend präsentieren. Reden Sie nur über das, was Ihre Kernaussage bildstark unterstützt. Den Rest können Sie auch als Handout verteilen.

Straffen Sie Ihre Standards

Nicht selten haben Redner mit Standardsituationen zu tun. Da sollen Gäste begrüßt werden, eine Person wird geehrt oder allgemeiner Dank ausgesprochen. Gerade solche Standardsituationen führen häufig dazu, dass sie mit den üblichen Floskeln abgearbeitet werden. Und die Floskeln langweilen wiederum viele der Zuhörer.

Bei offiziellen Veranstaltungen hat es sich fest eingebürgert, dass der Vereinsvorsitzende oder eine andere leitende Persönlichkeit alle Ehrengäste der Reihe nach namentlich begrüßt. Versetzen Sie sich wieder in die Lage des Zuhörers: Finden Sie das nicht auch ermüdend? Kein Wunder, denn es hat für Sie nur geringen Informationswert.

Ehrengäste und Begrüßungsorgien

Bei einer ebensolchen Veranstaltung ließ ich mich – dank meines frechen Mundwerks – dazu hinreißen, diese zeitraubende Unart zu kommentieren. Prompt drehte sich ein gerade begrüßter Politiker zu mir um und sagte mit ernster Miene: „Ich würde gar nicht erst kommen, wenn ich nicht auch begrüßt würde!" Das war ehrlich. Die Frage ist nur: Über wen sagt das jetzt etwas aus …?

Beispiel

Diese Begrüßungsorgien werden also erwartet – und zwar von denen, die begrüßt werden. Das Problem ist nur: Diese sind bei den Zuhörern in der Minderheit. Die Mehrheit hofft, dass das Ganze bald vorübergeht und das eigentliche Programm starten kann.

Damit spaltet der Redner das Publikum in verschiedene Interessengruppen. Und sollte der Redner dann noch eine wichtige Person vergessen haben, ist diese für den Rest der Veranstaltung schlecht gelaunt. Besonders öde an diesen Begrüßungsorgien ist, dass die Personen ohne weiteren Zusammenhang hintereinander aufgezählt werden. Das klingt dann oft wie folgt:

„Besonders herzlich begrüße ich unseren Bür-
germeister, Herrn Dr. Martin Brand. Und
natürlich auch ein herzliches Willkommen an
seine Gattin. Ich begrüße den Leiter unserer
Volksbank, Herrn Peter Walser. Willkommen
auch an Ulrich Pächter, den Vorsitzenden des
Gewerbevereins. Und ich freue mich, Frau Ulrike Sachmann begrü-
ßen zu dürfen, die stellvertretende Vorsitzende des Kirchenchors ..."

Und so weiter. Das mag für die, die begrüßt werden, ganz nett sein. Aber die anderen Zuhörer klinken sich hier meistens aus und warten, „bis es endlich losgeht".

Weg von der Norm   Diese Begrüßungsorgien haben sich leider genauso fest etabliert wie umfangreiche PowerPoint-Präsentationen. Umso mutiger muss sich ein Redner fühlen, der von dieser „Norm" abweicht. Der Lohn sind dankbare Zuhörer und erhöhte Aufmerksamkeit von Anfang an. Und – sind wir doch ehrlich – auch für den Redner selbst wird es attraktiver, diesen „Pflichtteil" loszuwerden.

Beispiel   *Normalerweise ist die Erwartungshaltung der Zuhörer bei Gruß-worten sehr gering. So war es auch auf einem mehrtägigen Kongress mit zahlreichen Top-Rednern. Als „Hausherr" sprach der Bürger-meister der Stadt, in der der Kongress stattfand, natürlich ein Gruß-wort. Viele dachten sich: Was kann man da schon erwarten? Ein Grußwort von einem typischen Politiker ist selten spannend. Doch es kam anders: Da springt ein dynamisch wirkender Mann auf die Bühne. Er bringt seine ersten zwei Sätze so energiegeladen herüber, er erntet damit sofort spontanen Applaus. Ebenso spontan greift er das auf: „Das bin ich als Politiker gar nicht gewöhnt, dass ich schon Applaus bekomme, bevor ich überhaupt was gesagt habe ..." Das Publikum hat er schon jetzt – obwohl inhaltlich nichts passiert ist außer einer ganz kurzen, dynamischen Begrüßung. Auch der Rest seiner Rede ist mit Überraschungen und Spannungselementen ge-füllt. Am Ende der über zweitägigen Veranstaltung sind sich viele Teilnehmer einig: Dieser Bürgermeister konnte mit den Top-Rednern der Veranstaltung locker mithalten. Das Publikum hatte etwas an-*

deres von einem Bürgermeister erwartet. Das hatte diesem sicherlich zusätzlich geholfen, um eine solche Wirkung zu entfalten.

Derartige Erlebnisse sollten jeden Redner beflügeln, mit den Erwartungen der eigenen Zuhörer zu brechen: Überraschen Sie mit Ungewohntem. Der Erinnerungswert ist entsprechend hoch.

Die Zuhörer sind schicksalsergeben daran gewöhnt, dass zur Begrüßung Namen aufgezählt werden. Straffe Reden durchbrechen Gewohnheiten. Statt dieser langweiligen Standards bietet es sich vielmehr an, dass Sie etwas über die Menschen mitteilen, die Sie vor sich im Saal haben. Erzählen Sie Anekdoten, sagen Sie etwas Verbindliches.

Stellen Sie Verbindungen her

„Der Grund, dass ich Vorsitzender dieses Vereins geworden bin, hat mit einer ganz bestimmten Person in diesem Saal zu tun. Er musste mich damals ein bisschen überreden. Aber er hat das sehr gut gemacht. Er wusste ganz genau, wo er mich packen konnte. Ich verrate jetzt besser nicht, wo das genau war, sonst steht hier bald der nächste Verein vor der Tür und fragt mich …“ – Pause – „Heute bin ich ihm auf jeden Fall dankbar dafür, denn in all den Jahren habe ich sehr viel Spaß mit diesem Verein gehabt. Herzlich willkommen unserem lieben Ehrenvorsitzenden, Martin Pauler!"

Bei der einen oder anderen Person bietet es sich an, wie hier mit dem Krimitrick zu arbeiten. Das bringt Spannung in Ihren Vortrag, denn die Zuhörer rätseln, wer wohl gemeint sein mag und bleiben dran. Sie dürfen Geschichten erzählen oder auf aktuelle Ereignisse verweisen – Hauptsache, Sie unterhalten Ihre Zuhörer.

Seite 76

„Gestern klingelte bei mir das Telefon. Es war unser Bürgermeister Klaus Krämer, herzlich willkommen!" – Pause – *„Er hatte eine höchst erfreuliche Nachricht. Er wollte nicht nur zusagen, dass er heute kommt, er versprach auch noch, Geld mitzubringen. Wir werden uns im Laufe des Abends davon überzeugen, dass er die Wahrheit gesagt hat!"*

Es ist sehr wahrscheinlich, dass Ihnen kaum Zeit bleiben wird, zu jeder einzelnen Person viel sagen zu können. Zusätzlich oder ergänzend zu den vorgeschlagenen Möglichkeiten gibt es auch noch den Trick mit der Nebensatztechnik. Halten Sie Ihren Vortrag ohne Begrüßungen zu Beginn und flechten Sie die wichtigsten Namen in Ihren laufenden Vortrag ein: in Ihren Nebensätzen.

„In den 75 Jahren, in denen unsere Firma existiert, hat es immer wieder Krisen gegeben. Krisen, die uns betrafen, Krisen, die die Welt betrafen, Krisen, bei denen wir auf gute Kooperationspartner wie unsere Hausbank, angewiesen waren. Und so wie auch der Vorstandsvorsitzende Dr. Martin Klausener, den ich herzlich begrüße, haben uns alle Bankmitarbeiter stets eines gezeigt: Es gibt keine Krisen, es gibt Herausforderungen. Und für die gibt es Lösungen. Eine dieser Lösungen war damals im Jahr 1974 nötig, als ...“

Zu den immer wiederkehrenden Standards gehören auch Reden anlässlich von Jubiläen, Abschieden, Belobigungen, Danksagungen und ähnlichen Ereignissen. Sie alle gewinnen ungemein an Wirkung, wenn Sie als Redner etwas erzählen, was nicht alle Ihre Zuhörer wissen können. Beispielsweise etwas über Ihre eigenen persönlichen Erlebnisse mit der angesprochenen Person. Was verbindet Sie genau mit ihr? Was haben Sie mit ihr erlebt? Was bewundern Sie an ihr? Je persönlicher Sie werden, umso geringer ist die Gefahr, dass Sie bereits Gesagtes wiederholen oder einem anderen Redner vorgreifen. Erzählen Sie *Ihre* Geschichten, die etwas über die Person verraten – am besten als Kopfkino.

Seite 78

Verwandeln Sie auch hier wieder pauschale Aussagen in konkrete Beispiele. Statt all die guten Eigenschaften der Person aufzuzählen, greifen Sie eine oder zwei heraus und erzählen Sie dazu Geschichten, die diese Eigenschaften im wahrsten Sinne anschaulich und damit glaubhaft machen.

Beispiel

Anlässlich der Verabschiedung eines Personalvorstandes in den Ruhestand: „Ich denke oft an das Einstellungsgespräch zurück, das Sie damals mit mir geführt haben. Wir sind uns an diesem Tag zum ersten Mal persönlich begegnet. Man hatte mich vorgewarnt: ‚Pass auf, der Dr. Felder hat Röntgenaugen!‘, sagte man mir. Tatsächlich, als Sie mir die Hand drückten, schauten Sie mir tief in die Augen. Ich dachte bei mir: ‚Das gefällt mir! Es gibt viele, die so unter Druck stehen, dass es noch nicht einmal für einen Augenkontakt reicht.‘ Unser Gespräch war geprägt von Ihren neugierigen Fragen. Ja, neugierig. Sie wollten alles wissen" – Pause – *„bis auf meine Schuhgröße. Ich war Ihnen nicht egal. Obwohl ich schon der zehnte an diesem Tag war. Und Sie sagten mir auf den Kopf zu, dass ich früher wohl Judo gemacht hätte – Sie hätten das an meiner Körperhaltung erkannt.*

Das Gespräch ist fast zu Ende. Sie fragen mich mit ernstem Gesicht: ‚Und wie finden Sie mich?‘ Ich bin einen Moment sprachlos. Ich lächle. Ich sage: ‚Ich hoffe, ich finde Sie in Zukunft auf der gleichen Etage, auf der ich arbeiten werde.‘ Sie drücken mir die Hand. Sie schauen mir wieder mit tiefem Blick in die Augen. Sie sagen: ‚So einer wie Sie gibt sich damit nicht zufrieden. Sie spekulieren auf mein Zimmer!‘ Lieber Herr Dr. Felder, ich habe Sie als jemanden kennengelernt, der sich für Menschen wirklich interessiert, der ein Gefühl für sie hat. Und genau das hat immer den Erfolg Ihrer Arbeit ausgemacht! Es ist mir eine Ehre, heute Ihre Nachfolge antreten zu dürfen."

Sie merken, es gilt immer wieder das gleiche Prinzip: Zählen Sie nicht alles auf, sondern bringen Sie für wenige Aspekte ruhig mehrere bildstarke Beispiele. Es spielt dabei gar keine Rolle, zu welchem Anlass Sie sprechen. Es sollte Ihnen nur immer wieder bewusst werden, wie Sie aus den sonst üblichen pauschalen Aussagen etwas Konkretes machen. Selbst eine Danksagung braucht keine Aufzählung von Namen zu sein, auch hier können Sie konkrete Geschichten erzählen. Dieser Maxime gehorcht auch die Danksagung am Ende dieses Buches.

Seite 131

Mit Inhalt wirken:

Vermeiden Sie, die Anwesenden oder deren Eigenschaften inhaltslos aufzuzählen. Erzählen Sie kurze Geschichten oder Erinnerungen, die mit den anwesenden Menschen im Zusammenhang stehen.

Mit Spannung begeistern:

Lustige Begebenheiten, gemeinsame Erlebnisse, persönliche Verbindungen oder Anekdoten offenbaren etwas von Ihrer Persönlichkeit.

Die Zuhörer überzeugen:

Die Geschichten interessieren alle Anwesenden – nicht nur die Ehrengäste. Die Zuhörer fühlen sich einbezogen und gut unterhalten.

Üben, üben und weil es so schön ist: üben!

Seite 7

Wie eingangs erwähnt macht Sie das Lesen dieses Buches noch nicht zu einem strafferen Redner. Das Tun ist entscheidend – und hier können Sie alle Chancen nutzen, die sich Ihnen eröffnen. Je öfter Sie die Gelegenheit ergreifen, ein paar Worte vor Publikum zu sprechen, umso höhere Chancen haben Sie, immer besser zu werden. Denn bei jeder Rede lernen Sie aus den Reaktionen Ihres Publikums, ob Ihre Rede straff war oder nicht.

Jetzt schauen Sie in Ihren Terminkalender:

- Welche privaten oder beruflichen Feste und Ereignisse stehen im nächsten halben Jahr an? Gibt es Jubiläen, Geburtstage, Verabschiedungen?
- Wann gibt es im beruflichen Umfeld die nächste Gelegenheit, Arbeitsergebnisse zu präsentieren oder einen Verbesserungsvorschlag vorzustellen?
- Bei welcher nächsten Gelegenheit in Ihrem Verein oder Ihrer Partei könnten Sie das Wort ergreifen?

Jeder noch so kleine Wortbeitrag ist eine wunderbare Gelegenheit, um ein Gefühl für Ihre Zuhörer zu bekommen und neue Tricks in Sachen Redenstraffen auszuprobieren. Fragen Sie gute Kollegen, Freunde oder Verwandte, wie Ihr Vortrag auf sie gewirkt hat. Achten Sie dabei darauf, dass Sie wirklich ehrliche Meinungen zu hören bekommen. Weisen Sie darauf hin, dass Ihnen jede konstruktive Kritik weiterhilft. Wer einfach nur nett zu Ihnen sein will, hilft Ihnen nicht weiter. Umgekehrt gilt das gleiche:

Wenn ein Redner nicht wirklich gut war, belobhudeln Sie ihn nicht. Sonst lernen es unstraffe Redner nie!

Wenn ein Schuss kracht, fliegen die Sperlinge auf:
So geht es den Bedenken, wenn ein Entschluss gefasst wird.
Ernst R. Hauschka

Straffe Reden setzen Themen

Es spricht sicherlich vieles dagegen, Reden zu halten. Die nassen Hände, der trockene Mund, die zitternden Knie, die Zuhörer, die einen so erwartungsvoll ansehen, die Angst vor dem Versagen oder sich lächerlich zu machen, etwas zu vergessen oder ohnmächtig von der Bühne zu fallen …

Wollen Sie überhaupt reden?

Welchen Beruf Sie auch immer ausüben, welche Funktion oder welches Amt Sie auch bekleiden: Sie sind auf den Erfolg Ihrer Arbeit angewiesen! Und Erfolg entsteht zu dreißig Prozent aus guter Selbstvermarktung – und dazu gehört ganz klar auch das Halten von Reden.

„Erfolg entsteht durch meine fachlichen Fähigkeiten. Das reicht, da brauche ich keine Reden zu halten."

Es wäre schön, wenn es so einfach wäre. Aber es ist leider falsch. Die Kompetenz hat nur einen zehnprozentigen (!) Anteil am Erfolg. Sechzig Prozent des Erfolges machen gute Kontakte aus.[13] Und gerade diese Kontakte können Sie besonders einfach durch das Halten von Reden erreichen!

„Meine Kontakte merken auch so, dass ich gut bin."

119

Können Ihre Kontakte Gedanken lesen? Vertrauen zu einer Person entsteht am besten, indem diese erlebbar wird. Menschen wollen sich von anderen Menschen ein Bild machen – im wahrsten Sinne. Sie wollen die Stimme hören, die Bewegungen sehen und erspüren, ob alles zusammen ein stimmiges und damit vertrauenswürdiges Bild abgibt. Wirkt dieser Mensch dann positiv, dann kann er andere positiv stimmen – und erst dann überzeugen!

„Aber wenn ich über etwas reden muss, das mich überhaupt nicht interessiert? Oder von dem ich meiner Meinung nach zu wenig Ahnung habe?"

Da habe ich einen guten Tipp für Sie: Halten Sie den Mund.

Reden Sie nur, wenn Sie das Thema im wahrsten Sinne des Wortes be-trifft. Sonst werden Ihre Zuhörer spüren, dass es Sie nicht interessiert oder Sie selbst glauben, nicht genug darüber zu wissen. Ohne Begeisterung keine straffen Reden. Spätestens jetzt sollten Sie sich mit dem Kern des ganzen Themas beschäftigen:

> ■ Die Angst vor dem Reden verhindert das Straffen.

Diese Angst verleitet dazu, das Publikum lieber in Sicherheit zu wiegen. Sie verhindert es, alte Gewohnheiten zu durchbrechen, die dem Redner vertraut sind. Sie drängt den Mut ins Abseits, den ein Redner braucht, aus der Masse der „normalen" Redner herauszutreten. Auch die Technikgläubigkeit vieler Redner ist vor allem eins: Unsicherheit! Die Angst, vor Publikum zu versagen. Das Gefühl, sich hinter der Technik schützen zu können.

Die „Ja-aber"-Krankheit

Ein häufig verbreitetes Symptom der Rednerangst ist die „Ja-aber"-Krankheit in den Köpfen vieler Redner:

„Ja, aber so kann man eine Rede doch nicht halten, das kennen die Zuhörer ja gar nicht …"

Jedes Mal, wenn Ihnen ein „Ja, aber" durch den Kopf geistert oder Sie es sogar laut aussprechen, sollten Sie sich überlegen, welche Stimme da gerade wirklich spricht. Ist das wirklich *Ihre* Meinung, die da hochkommt, oder ist es die Meinung von irgendjemand anders? Von Ihrem Vorgesetzten, Ihrem ehemaligen Lehrer, Ihrer Familie, Ihrem früheren Meister, Ihrem Nachbarn oder die eines vermeintlich besten Freundes ...?

Es ist in Wirklichkeit eben oft nicht die eigene Meinung, die Sie vertreten. Immer dann, wenn Sie einen Satz mit „man" sprechen, sollten Sie überlegen: Wer ist dieser „man"? Wer sagt das wirklich, wenn nicht Sie selbst? Von wem stammt diese vermeintliche Lebensweisheit? Haben Sie dies überprüft, bevor Sie sie weiterverbreiten? Der Widerspruch, der in Ihnen hochkommt, wenn Sie „ja, aber" sagen, ist der wirklich von Ihnen? Oder ist es doch nur eine Ausrede, um sich gegen Neues wehren zu können? Seien Sie ehrlich mit sich selbst: Hat Ihr „Ja, aber" wirklich recht?

Eine weitere gern gehörte Ausrede von PowerPoint-Rednern ist: Ausreden gibt es genug

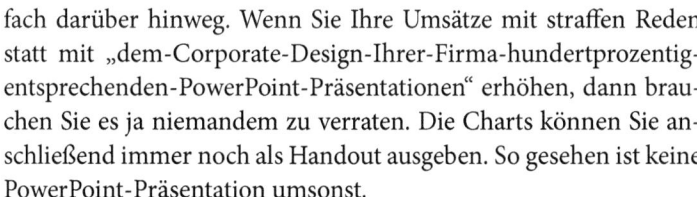

„Ja, aber die Marketingabteilung mit ihrer Firmen-Corporate-Identity will das so!"

Sitzen die Jungs von der Marketingabteilung neben Ihnen, wenn Sie vor Ihrem Kunden präsentieren? Nein? Also setzen Sie sich doch einfach darüber hinweg. Wenn Sie Ihre Umsätze mit straffen Reden statt mit „dem-Corporate-Design-Ihrer-Firma-hundertprozentig-entsprechenden-PowerPoint-Präsentationen" erhöhen, dann brauchen Sie es ja niemandem zu verraten. Die Charts können Sie anschließend immer noch als Handout ausgeben. So gesehen ist keine PowerPoint-Präsentation umsonst.

Ach so, Ihr *Chef* will das so? Wissen Sie was, so ganz unter uns: Der ist wahrscheinlich selbst zu feige, straffe Reden zu halten. Wenn Sie es schaffen, Menschen ohne PowerPoint-Charts zu begeistern, dann spricht das für Sie. Denn als Zuhörer wissen Sie schließlich ganz genau, wie sehr Ihnen diese PowerPoint-Schlachten auf die Nerven gehen. Überlegen Sie sich, was Ihnen wichtiger ist: straffe Reden mit Erfolg oder PowerPoint-Präsentationen mit Bauchschmerzen?

Erfolgsfaktor
Begeisterung Damit Sie sich trauen, *die* Reden zu halten, die Sie als Zuhörer gerne hören würden, brauchen Sie eine einzige Eigenschaft: Vertrauen! Vertrauen Sie in sich selbst! Gehirnforscher wissen, dass es nie zu spät ist, neue Dinge zu tun oder Dinge anders zu tun als sonst. Das Gehirn ist *immer* veränderbar. Das Gehirn entwickelt sich immer danach, was ein Mensch mit Begeisterung tut. Da wird das emotionale Zentrum aktiviert, das liebt das Gehirn.[14] Darum ist die Frage nach Ihrer Haltung als Redner tatsächlich entscheidend, also noch einmal: Wollen Sie wirklich reden? Ohne das Wollen entsteht keine Begeisterung – und dann wird es eine harte Nuss für Ihr Gehirn.

Finden Sie Ihre eigenen Themen!

Umso mehr stellt sich daher die Frage, welche Themen Ihnen wirklich am Herzen liegen. Beantworten Sie die folgenden Fragen ehrlich und umfassend, und Sie werden jede Menge Material für die nächste straffe Rede haben:

- Welche Erfahrungen haben Sie in Ihrem Leben gemacht, die noch heute wichtig sind für Sie?
- Welche Erlebnisse oder Begegnungen mit Menschen haben Ihnen viel bedeutet oder Sie sogar in Ihrem Wesen verändert?
- Welche Ereignisse haben Sie tief bewegt?
- Welche Menschen liegen Ihnen immer noch am Herzen?
- Welche alltäglichen Vorgänge bereiten Ihnen immer wieder Probleme?
- Welche Erkenntnisse haben Sie gewonnen, die Sie gerne weitergeben möchten?
- Was macht Ihnen an Ihrem Beruf / Ihrer Vereinsarbeit / Ihrem Hobby etc. am meisten Spaß? Welchen Sinn sehen Sie darin?

Themen, die Sie be-treffen, können also auch weit ab von Ihren beruflichen oder sonstigen wichtigen Themenbereichen liegen:

- Bei welchem Thema kann man Sie um drei Uhr nachts aus dem Schlaf holen und Sie könnten gleich loslegen?
- Worüber unterhalten Sie sich am liebsten?
- Bei welchem Thema können Sie stundenlang mithalten?
- Was berührt Sie so sehr, dass Sie darüber ins Schwärmen oder in Rage geraten?

Machen Sie es zu *Ihrem* Thema! Bringen Sie *Ihre* Geschichten, *Ihre* Erlebnisse, *Ihre* Meinung ein! Es gibt immer eine Möglichkeit, einen Übergang von dem einen zu einem anderen Thema zu finden, der Stegreiftrick macht es möglich.

Seite 88

Die Kopfbremse der Selbstdarstellung

Und noch ein wichtiger Punkt, der die Wirkung Ihrer Reden maßgeblich beeinflusst: Viele Redner – nicht selten die weiblichen unter ihnen – haben mitunter Schwierigkeiten, positiv über sich selbst zu sprechen. „Eigenlob stinkt" ist da sicherlich die am meisten verbreitete Bremse im Kopf. Die Folge ist, dass die eigenen Kompetenzen und Fähigkeiten gerne verschwiegen oder zumindest kleingeredet werden.

Dabei ist es gar nicht nötig, diese lautstark zu offenbaren. Es geht auch eleganter. Zum einen bietet es sich an, die Zuhörer mit ungewöhnlichen Informationen zu überraschen, das lässt die Zuhörer von allein darauf schließen, dass Sie viel wissen.

Seite 84

Darüber hinaus eignet sich auch die Nebensatztechnik sehr gut, um die Kopfbremse in Sachen Selbstdarstellung zu lösen. Verpacken Sie wichtige Informationen über Ihre Person in Nebensätze. Die Zuhörer werden das unbewusst aufnehmen und sich ebenso unbewusst ein Bild von Ihrer Kompetenz machen. In den Augen des Publikums erhalten Sie so eine Art „Kompetenzheiligenschein". Wie von allein manifestieren sich bei Ihren Zuhörern Ihre Kompetenzen und Fähigkeiten.

Seite 114

- *„In der Zeit, als ich einer der größten Firmen unserer Region aus der Insolvenz geholfen habe, begegnete mir diese Sportart zum ersten Mal. Das war genau der richtige Ausgleich, den mein Körper jetzt brauchte. Darum unterstütze ich auch bis heute unseren Verein mit großer Freude."*
- *„Ich habe in den fast fünfundzwanzig Jahren meiner Selbstständigkeit festgestellt: Es gibt nur wenige Kooperationspartner, auf die man sich wirklich verlassen kann. Aber lieber ein paar wenige, die auch in schweren Zeiten zu einem halten, als viele Freunde, die im entscheidenden Moment verschwinden."*
- *„Als ich kürzlich einen Vortrag vor über 300 Zuhörern hielt, stellte ich fest, dass der demografische Wandel greift. Die wenigsten Menschen in diesem Saal waren unter vierzig."*

Geschickt in Nebensätze verpackt, machen Sie zwar keinen großen Wirbel um Ihre Kompetenzen, Funktionen oder Ämter, aber dennoch kommt diese Information unbewusst an. Übrigens lässt sich diese Technik auch sehr gut beim Small Talk einsetzen, um bei Ihrem Gesprächspartner einen unbewussten nachhaltigen Eindruck zu hinterlassen – ohne als Angeber dazustehen.

Der Mensch bleibt Mensch

Beim Blick zurück in die Menschheitsgeschichte halten wir uns gerne für endgültig schlau. Wetten, dass das den Menschen in 100 Jahren genauso gehen wird? Was heute gilt, kann morgen schon überholt sein. Und von Jahr zu Jahr gilt diese Regel ein wenig mehr. Denn die rasante technische Entwicklung, die globale Vernetzung, die aufflammenden und wieder absterbenden Internet-Trends – all das wird sich sicherlich weiter beschleunigen. Können Sie da wirklich mithalten? Oder wollen Sie vielleicht Gegentrends setzen? Auf die guten alten Werte verweisen, auf das analoge Leben mit seinen haptischen Erfahrungen?

Was immer Sie vermitteln wollen: Denken Sie daran, dass der Mensch sich trotz aller technischen Errungenschaften im Grunde seines Wesens über die Jahrtausende nicht verändert hat. Er steht immer noch auf dasselbe:

Geschichten
Gefühle
Gute Gedanken

Der nächste Schritt ist natürlich der, all diese Erkenntnisse auch „in der freien Wildbahn" umzusetzen. In einem geschützten Seminarraum bleibt noch genug Mut für Experimente, aber vor dem Kunden oder den Geschäftspartnern brechen schnell wieder die alten Gewohnheiten durch: „Darf ich das wirklich?" Und schon regiert wieder die Angst … sehr menschlich!

Haben Sie Mut zum Mut!

Seien Sie nicht zu streng mit sich selbst. Ein wichtiger Schritt ist schon damit getan, dass Sie Ihre alten Gewohnheiten überhaupt erkennen und den Willen entwickeln, diese zu ändern. Nur damit haben Sie die Chance, es in Zukunft besser zu machen. Nur Mut: Seien Sie ehrlich zu sich selbst! Erkennen Sie an sich selbst die Angewohnheiten beim Reden, die Sie als Zuhörer wenig schätzen. Werden Sie selbst Ihr schärfster Kritiker.

Und dennoch: Sie werden nicht von heute auf morgen ein besserer Redner sein. Wenn Sie alles auf einmal umsetzen wollen, werden Sie scheitern. Sie überfordern nicht nur sich selbst, sondern auch Ihre Zuhörer. Denn mit Ihrem neuen Redestil sind Sie nicht sofort hundertprozentig vertraut, sodass die Zuhörer Sie als nicht authentisch genug empfinden. Wesentlich mehr Erfolg werden Sie haben, wenn Sie die Tipps und Tricks aus diesem Buch nach und nach umsetzen werden.

Nicht alles auf einmal

Versuchen Sie es erst einmal mit einem anderen Einstieg in Ihre Rede. Überlegen Sie sich dann, mit welchem Schlusssatz Sie Ihre Rede beenden könnten, der von Ihrer sonstigen Form abweicht. Und so bestücken Sie nach und nach Ihre Reden mit neuen Elementen. Die kleinen Erfolge werden Sie immer mutiger machen. Und damit wächst auch das Vertrauen in Ihren eigenen neuen Redestil:

Werden Sie einfach straffer – Schritt für Schritt.

Material zum Redenstraffen

Inspiration für straffe Reden findet sich überall. Besonders hilf-reich sind Themen, die mit dem eigenen Thema wenig zu tun haben: Das erleichtert das Querdenken, erweitert Ihre Reden mit verblüffenden Informationen. Hier ein paar Tipps gegen die Norm – und gleichzeitig Quellen für die eine oder andere Kernaussage in diesem Buch:

Einfach weiterlesen …

Braun-Höller, Astrid: *Denk ich an Personalentwicklung … Ein Inspirationsbuch für Unternehmer, Personalverantwortliche und Berater,* Börsenmedien AG, 2008.

Häusel, Hans-Georg: *Think Limbic! Die Macht des Unterbewussten verstehen und nutzen für Motivation, Marketing, Management,* Rudolf Haufe Verlag, 2005.

Hermann-Ruess, Anita: *Highlight-Rhetorik. Anleitung zur Emotionalen Rhetorik mit 70 Highlights*, GABAL Verlag 2010.

Lütz, Manfred: *Irre! Wir behandeln die Falschen. Unser Problem sind die Normalen,* Gütersloher Verlagshaus, 8. Auflage 2009.

Madeja, Michael: *Das kleine Buch vom Gehirn. Reiseführer in ein unbekanntes Land,* C.H. Beck, 2010.

Pöhm, Matthias: *Vergessen Sie alles über Rhetorik. Mitreißend reden – ein sprachliches Feuerwerk in Bildern*, mvg Verlag, 2. Auflage 2002.

Pöppelmann, Christa: *1000 Irrtümer der Allgemeinbildung*, Compact Verlag, 2005.

Traufetter, Gerald: *Intuition. Die Weisheit der Gefühle*, Rowohlt Verlag, 2007.

Weber, Peter F.: *Der domestizierte Affe. Die Evolution des menschlichen Gehirns*, Patmos Verlag, 2. Auflage 2005.

Zaltman, Gerald: *How Customers Think: Essential Insights into the Mind of the Market*, McGraw-Hill Professional; Auflage: illustrated edition, 2003.

Inspirierende
Internetadressen

Das Internet ist sicherlich die größte Fundgrube der Welt für aktuelle oder ungewöhnliche Fakten und sonstige Inspiration. Unmöglich, eine Auswahl zu treffen. Oder sagen wir es so: Es fällt schwer, sich zu entscheiden …

www.twitter.com
Nicht alle twittern hier über das Wetter oder über ihre Verdauung. Es gibt auch viele, die Zitate, Witze, Anekdoten, Kurzgeschichten (!), interessante Links zu Artikeln und Blogs kommunizieren …

www.wikipedia.de
Was früher der gute alte Brockhaus war – und bei mir noch angenehm nach Leder riechend im Schrank steht –, kann das Online-Wissensportal mittlerweile zumindest inhaltlich auch längst: Wikipedia ist eine nahezu unerschöpfliche Inspirationsquelle. Auch für weniger bekannte Fakten.

www.zitate.de
Goethe, Schiller, Schopenhauer und Co. haben viele schlaue Sachen gesagt. Warum sich nicht einfach aus deren Fundus bedienen oder von schlauen Sätzen inspirieren lassen?

Aufs Stichwort!

Danke!

Die Geschichte der Operation Zwille fing streng genommen vor Jahren mit einem Telefonat an. Meine Kooperationspartnerin Elisabeth Maser von fit4call und ich suchten ein pfiffiges Kundengeschenk. Es sollte etwas sein, was niemand braucht, aber jeder haben will. In zwei Minuten hatten wir eine launige Idee entwickelt: Der Meetingstraffer war erfunden. Doch dann hat es noch rund drei Jahre gebraucht, bis wir das Ding auf dem Markt hatten. Denn wir brauchten jemanden, der Metalldosen herstellt und bedruckt, einen, der Schaumstoffe passend zurechtschneidet, eine Zeichnerin, jemanden, der unsere Gebrauchsanweisung auf dünnstes Papier druckt, einen Gummibandlieferanten und vor allem jemanden, der die Papierkrampen falzte und all das in einer Erstauflage von 2.500 Stück zusammenführte.

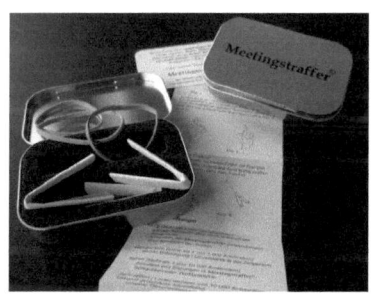

Einige Zeit nach der Markteinführung erzählte ich meiner Kollegin Liane Krämer am Telefon von unserem Meetingstraffer, über den sie sich königlich amüsierte. Dann wich unser Gespräch auf die Frage aus, wie ein Trainer zur Marke wird. Ein Wort gab das andere – und die Redenstrafferin war geboren. Tags darauf hatte ich schon die Webadresse reserviert …

Nein, das stimmt ja so auch nicht wirklich. Ganz am Anfang stand damals sicherlich mein Mann, Andreas Kerschgens, der mir niemals den Mut nahm, in die Selbstständigkeit zu starten. Es kann aber auch Matthias Pöhm gewesen sein, der mir im richtigen Moment begegnete und mich mit seinen effektiven Techniken rund um Rhetorik und Schlagfertigkeit bereicherte.

Oder war der eigentliche Auslöser für dieses Buch die GSA Convention? Wo ich quasi in Tuchfühlung mit Dr. Stefan Frädrich und Ardeschyr Hagmaier kam, die mir – direkt oder indirekt – den Mut gaben, meinen inneren Schweinehund zu überwinden und zum Adlerflug anzusetzen. Denn das führte mich direkt zu Timo Wuerz, der meine Zwille so meisterhaft und mit fabelhafter Spiellaune in Szene setzte. Das habe ich aber wiederum auch Astrid Braun-Höller zu verdanken, die regelmäßig in meinem Leben an den passenden Stellen auf wunderbare Weise aufblitzte …

Ohne Netzwerke geht ja ohnehin nichts – und ohne Astrid Balzer, der besten *hummel* der Welt, die das Kontakten einfach im Blut hat, sowieso nicht. Und es waren auch die dicken Scheiben Professionalität, die ich mir in vielen Jahren bei Tanja Hartwig gen. Harbsmeier abschneiden durfte. Sowieso waren die Mitglieder des ConexUsClubs für mich immer höchste Inspiration und hervorragender fachlicher und menschlicher Austausch. Und die Frechheiten von Heinz-Detlef Scheer haben mir durchaus den Kopf gerade gerückt. Überhaupt geht es ja gar nicht ohne Michael Stein, weil er so gerne recherchiert und mir mit seiner genial-guten Telefonstimme so manch lästige Aufgabe abgenommen hat. Oder ein festes Element bei all meinen Buchprojekten, meine unersetzbare Mitleserin Monika Biedenbach.

Ich weiß nicht mehr ganz genau, was letztlich der Auslöser war. Ich weiß nur, dass sie alle ihren Anteil an der Operation Zwille hatten. Dafür gibt es nur ein Wort, mit der lehrreiche und spannende Geschichten stets gekrönt werden sollten: Danke!

Die Redenstrafferin

Katja Kerschgens, M.A., trainiert seit 2001 eine umfangreiche Bandbreite von Teilnehmern in Rhetorik und Schlagfertigkeit: von Callcenter-Agents, Chefsekretärinnen und Geschäftsführern über Finanzvertriebler, Frauen im Handwerk, Landwirte, Politiker und Professorinnen bis hin zu Technikern oder Verkäufern. Aus diesem Querschnitt durch alle Zielgruppen entwickelte sie über die Jahre die Essenz des Redenstraffens. Ihre Teilnehmer schätzen ihre freche Art und ihre unterhaltsamen Trainings.

Sie studierte Germanistik, Sprachwissenschaft und Phonetik in Köln. Ihr rhetorisches Handwerk lernte sie unter anderem bei Matthias Pöhm, ihre jahrelange Arbeit als Journalistin und Redakteurin schärfte ihren Blick für das Wesentliche. Sie ist professionelles Mitglied der German Speakers Association und Inhaberin der Kommunikationsfirma KKKom.

Weitere Informationen, Veröffentlichungen, den Newsletter KKKompakt, den Meetingstraffer und vieles mehr gibt es im Web unter:

www.DieRedenstrafferin.de
twitter.com/Redenstrafferin
www.DerNeunteKontinent.de
www.hummelhavn.de

133

Anmerkungen

1   Siehe http://de.wikipedia.org/wiki/Personenstunde#Personenjahre

2   Ausgehend von einem angenommenen Dollarkurs von 1,3924

3   Siehe http://de.wikipedia.org/wiki/Unternehmen, Quelle: Bundesagentur für Arbeit kategorisiert Unternehmen in „Betriebsgrößenklassen" für Betriebe mit sozialversicherungspflichtigen Beschäftigten (Stand: 30. Juni 2005)

4   Siehe „How Customers Think" von Gerald Zaltman, Professor an der Harward Business School z. B. S. 120

5   Siehe „Irre!" von Manfred Lütz, z. B. S. 6 ff.

6   Siehe „Der domestizierte Affe" von Peter F. Weber, S. 216 ff.

7   Quelle: Manager Magazin 11/2009, „Der Gefriertrockner", S. 112 f.

8   Diesen Hinweis verdanke ich Prof. Dr. Fritz Serzisko, Institut für Linguistik, Universität zu Köln – mein ehemaliger Professor in Sprachwissenschaft.

9   „Das kleine Buch vom Gehirn" von Michael Madeja ist ein hervorragendes Beispiel dafür, wie mit einer Vielzahl einfachster Vergleiche und Bilder selbst das komplexeste System erklärt werden kann, das der Mensch kennt: das menschliche Gehirn.

10 Aus: Bibliographisches Institut & F. A. Brockhaus AG, 2008, Brockhaus multimedial 2008 premium

11 Quelle: Gerald Traufetter, „Intuition – Die Weisheit der Gefühle", S. 84

12 Die gesamte Geschichte („Wie man ein Team wie ein Team wirken lässt") findet sich in dem Buch „Denk ich an Personalentwicklung …" von Astrid Braun-Höller, S. 137–144

13 Siehe z. B. manager magazin online, 10.12.2003: „Netzwerke – Seilschaften für den Karriere-Olymp", http://www.manager-magazin.de/unternehmen/karriere/0,2828,276960,00.html

14 Aus dem Vortrag „Gelassenheit hilft: Anregungen für Gehirnbenutzer" von Prof. Dr. Gerald Hüther: http://www.demographie-netzwerk.de/iv.-know-how-kongress-2009/videos/video-vortrag-prof.-dr.-gerald-hther.html?flvspeed=dslfast

Business-Bücher für Erfolg und Karriere

Gitte Härter
Nerv nicht!
ISBN 978-3-86936-064-5
€ 17,90 (D) / € 18,50 (A) /
sFr 27,90

Jürgen Kurz
Für immer aufgeräumt
ISBN 978-3-89749-735-1
€ 19,90 (D) / € 20,50 (A) /
sFr 30,50

I. Moser-Will, I. Grube
Denkspiele
ISBN 978-3-86936-013-3
€ 19,90 (D) / € 20,50 (A) /
sFr 30,50

Annette Kessler
Vom Small Talk zur Konversation
ISBN 978-3-86936-119-2
€ 17,90 (D) / € 18,50 (A) /
sFr 27,90

Lars Baus
E-Mail-Flut statt Büffeljagd
ISBN 978-3-86936-122-2
€ 17,90 (D) / € 18,50 (A) /
sFr 27,90

Tomas Bohinc
Grundlagen des Projektmanagements
ISBN 978-3-86936-121-5
€ 17,90 (D) / € 18,50 (A) /
sFr 27,90

Svenja Hofert
Die 100%-Bewerbung
ISBN 978-3-86936-125-3
€ 17,90 (D) / € 18,50 (A) /
sFr 27,90

Stefan Gottschling
Einfach besser texten
ISBN 978-3-86936-126-0
€ 17,90 (D) / € 18,50 (A) /
sFr 27,90

Renate Söffing
Kiss your Ideas!
ISBN 978-3-86936-131-4
€ 17,90 (D) / € 18,50 (A) /
sFr 27,90

Anouk Scherer
Authentisch Präsent Charismatisch
ISBN 978-3-86936-123-9
€ 17,90 (D) / € 18,50 (A) /
sFr 27,90

Christian Görtz
Mehr Umsatz durch Marketing-Kooperationen
ISBN 978-3-86936-124-6
€ 17,90 (D) / € 18,50 (A) /
sFr 27,90

Anita Hermann-Ruess
Highlight-Rhetorik
ISBN 978-3-86936-120-8
€ 17,90 (D) / € 18,50 (A) /
sFr 27,90

Weitere Informationen finden Sie unter www.gabal-verlag.de

Management – fundiert und innovativ

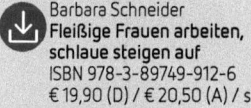

Die 30 Minuten-Reihe
Prägnant, praxisorientiert, vielseitig

Jeder Band 80 Seiten, 11x18 cm, 2-farbig, empfohlen von
€ 6,90 (D) / € 7,10 (A) / sFr 10,90

Martin Wehrle
30 Minuten Karrieresprung
ISBN 978-3-86936-136-9

Ronald P. Schweppe,
Aljoscha Long
**30 Minuten Raus aus
dem Jobfrust**
ISBN 978-3-86936-137-6

Helmut Muthers,
Wolfgang Ronzal
**30 Minuten
Marketing 50plus**
ISBN 978-3-86936-138-3

Ewald Wessling
**30 Minuten
Lernen von Google & Co.**
ISBN 978-3-86936-132-1

Miriam Bauer, Giso Weyand
**30 Minuten
Trainermarketing**
ISBN 978-3-86936-133-8

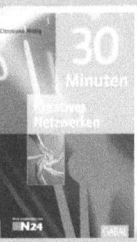

Christiane Wittig
**30 Minuten
Kreatives Netzwerken**
ISBN 978-3-86936-134-5

Katja Sterzenbach
30 Minuten Business Yoga
ISBN 978-3-86936-135-2

Tim Schlüter, Michael Münz
**30 Minuten Twitter,
Facebook, Xing & Co.**
ISBN 978-3-86936-077-5

Oliver Geisselhart
**30 Minuten
Power-Gedächtnis**
ISBN 978-3-86936-075-1

Weitere Informationen finden Sie unter www.gabal-verlag.de

audissimo – Hörwissen für Eilige

Jede CD
Laufzeit ca. 60 Minuten
€ 16,90 (D) / € 17,10 (A) / sFr 29,90

Joachim Skambraks
30 Minuten für den überzeugenden Elevator Pitch
ISBN 978-3-86936-154-3

Claudia Fischer
30 Minuten für profitable Akquise-Telefonate
ISBN 978-3-86936-155-0

Stefanie Demann
30 Minuten Selbstcoaching
ISBN 978-3-86936-156-7

Egon R. Sawizki
30 Minuten für erfolgreiches NLP im Alltag
ISBN 978-3-86936-157-4

Anno Lauten
30 Minuten für eine wirkungsvolle Stimme
ISBN 978-3-86936-098-0

Cristián Gálvez
30 Minuten Storytelling
ISBN 978-3-86936-099-7

Eberhard G. Fehlau
30 Minuten gegen Mobbing am Arbeitsplatz
ISBN 978-3-86936-100-0

Mathias Gnida
30 Minuten gegen Flugangst
ISBN 978-3-86936-214-4

Adele Landauer
30 Minuten für mehr Charisma & Charme
ISBN 978-3-86936-694-1

Weitere Informationen finden Sie unter www.gabal-verlag.de

So klingt Wissen!

Ardeschyr Hagmaier
Quakst du noch oder fliegst du schon?
ISBN 978-3-86936-097-3
€ 39,90 (D) / € 39,90 (A) /
sFr 56,90

Brian Tracy
Flight Plan
ISBN 978-3-86936-095-9
€ 39,90 (D) / € 39,90 (A) /
sFr 56,90

Iris Haag
Wirkung²
ISBN 978-3-89749-943-0
€ 16,90 (D) / € 16,90 (A) /
sFr 25,90

Tim Templeton
Erfolgreiches Networking
ISBN 978-3-89749-892-1
€ 29,90 (D) / € 29,90 (A) /
sFr 43,90

Claudia Hovermann
Starke Frauen reden Klartext
ISBN 978-3-89749-940-9
€ 25,90 (D) / € 25,90 (A) /
sFr 38,90

Ben Tiggelaar
Träumen Wagen Tun
ISBN 978-3-86936-208-3
€ 25,90 (D) / € 25,90 (A) /
sFr 38,90

Ralph Goldschmidt
Shake your Life
ISBN 978-3-86936-209-0
€ 39,90 (D) / € 39,90 (A) /
sFr 56,90

Stefan Merath
Der Weg zum erfolgreichen Unternehmer
ISBN 978-3-86936-032-4
€ 59,90 (D) / € 59,90 (A) /
sFr 84,90

Gitte Härter
Nerv nicht!
ISBN 978-3-86936-211-3
€ 29,90 (D) / € 29,90 (A) /
sFr 43,90

M. Recknagel,
H. Rohmann-van Wüllen
Clever kommunizieren
ISBN 978-3-89749-939-3
€ 39,90 (D) / € 39,90 (A) /
sFr 56,90

Ingo Vogel
Top Emotional Selling
ISBN 978-3-86936-150-5
€ 39,90 (D) / € 39,90 (A) /
sFr 56,90

Barbara Schneider
Fleißige Frauen arbeiten, schlaue steigen auf
ISBN 978-3-86936-149-9
€ 39,90 (D) / € 39,90 (A) /
sFr 56,90

Weitere Informationen finden Sie unter www.gabal-verlag.de

Unterhaltsame Schweinehundzähmung

Günter,
der innere Schweinehund
€ 9,90 (D) / € 10,20 (A) / sFr 15,90
ISBN 978-3-89749-457-2

Günter, der innere Schweinehund,
wird Kommunikationsprofi
€ 9,90 (D) / € 10,20 (A) / sFr 15,90
ISBN 978-3-86936-127-7

Günter lernt verkaufen
€ 9,90 (D) / € 10,20 (A) / sFr 15,90
ISBN 978-3-89749-501-2

Günter, der innere
Schweinehund, wird Chef
€ 9,90 (D) / € 10,20 (A) / sFr 15,90
ISBN 978-3-86936-019-5

Günter, der innere
Schweinehund, hält eine Rede
€ 9,90 (D) / € 10,20 (A) / sFr 15,90
ISBN 978-3-86936-071-3

Günter, der innere Schweinehund,
wird fit
€ 9,90 (D) / € 10,20 (A) / sFr 15,90
ISBN 978-3-89749-853-2

Günter, der innere Schweinehund,
wird Nichtraucher Audio
€ 25,90 (D) / € 25,90 (A) / sFr 38,90
ISBN 978-3-89749-753-5

Günter, der innere Schweinehund,
hat Erfolg Audio
€ 25,90 (D) / € 25,90 (A) / sFr 38,90
ISBN 978-3-89749-888-4

Günter Plüschtier
empf. VK € 9,95 (D) / € 9,95 (A) /
sFr 15,90
ISBN 978-3-89749-488-6

Weitere Informationen finden Sie unter www.gabal-verlag.de

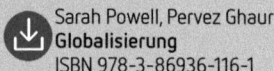

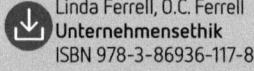

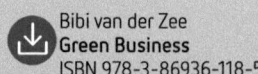

GABAL: Ihr „Netzwerk Lernen" – ein Leben lang

Ihr Gabal-Verlag bietet Ihnen Medien für das persönliche Wachstum und Sicherung der Zukunftsfähigkeit von Personen und Organisationen. „GABAL" gibt es auch als Netzwerk für Austausch, Entwicklung und eigene Weiterbildung, unabhängig von den in Training und Beratung eingesetzten Methoden: GABAL, die **G**esellschaft zur Förderung **A**nwendungsorientierter **B**etriebswirtschaft und **A**ktiver **L**ehrmethoden in Hochschule und Praxis e.V. wurde 1976 von Praktikern aus Wirtschaft und Fachhochschule gegründet. Der Gabal-Verlag ist aus dem Verband heraus entstanden. Annähernd 1.000 Trainer und Berater sowie Verantwortliche aus der Personalentwicklung sind derzeit Mitglied.

Die Mitgliedschaft gibt es quasi ab 0 Euro!
Aktive Mitglieder holen sich den Jahresbeitrag über geldwerte Vorteil zu mehr als 100% zurück: Medien-Gutschein und Gratis-Abos, Vorteils-Eintritt bei Veranstaltungen und Fachmessen. **Hier treffen Sie Gleichgesinnte, wann, wo und wie Sie möchten:**

- Internet: Aktuelle Themen der Weiterbildung im Überblick, wichtige Termine immer greifbar, Thesen-Papiere und gesichertes Know-how inform von White-papers gratis abrufen
- Regionalgruppe: auch ganz in Ihrer Nähe finden Treffen und Veranstaltungen von GABAL statt – Menschen und Methoden in Aktion kennen lernen
- Jahres-Symposium: Schnuppern Sie die legendäre „GABAL-Atmosphäre" und diskutieren Sie auch mit „Größen" und „Trendsettern" der Branche.

Über Veröffentlichungen auf der Website (Links, White-papers) steigen Mitglieder „im Ansehen" der Internet-Suchmaschinen.
Neugierig geworden? Informieren Sie sich am besten gleich!

Lernen Sie das Netzwerk Lernen unverbindlich kennen.
Die aktuellen Termine und Themen finden Sie im Web unter **www.gabal.de**.
E-Mail: info@gabal.de.

Telefonisch erreichen Sie uns per 06132.509 50-90.

„Es ist viel passiert, seit Gründung von GABAL: Was 1976 als Paukenschlag begann, ... wirkt weit in die Bildungs-Branche hinein: Nachhaltig Wissen und Können für künftiges Wirken schaffen ..."
(Prof. Dr. Hardy Wagner, Gründer GABAL e.V.)